지 않고, 유아독존적인 태도로서 하나의 학설을 고집하지 않았다. 그는 저명한 학자의 장점과 정수를 고르게 취하여 하나로 연결시켰고, 공정(孔鄭)의 학문을 기초로 하여 주자(朱子)의 학문을 그 가운데에 조화시켰다. 그는 이렇게 한(漢)나라 때의 유학과 송(宋)나라 때의 주자학 어느 것에도 치우치지 않았다.

왕도는 레게가 일찍부터 『맹자』를 위시한 13경 연구에 전념하여왔음을 칭송하고, 그의 연구방법이 하나의 학설만을 고집하는 유아독존적인 접근이 아니라, 여러 학자들의 견해를 두루 반영하는 절충적 방법론을 취하고 있다고 보고 있다.

왕도의 언급대로 레게의 『맹자』의 번역에는 한나라 학자들의 견해뿐만 아니라, 송나라 주자의 대표적 해설서인 『맹자집주』와 여러 성리학자들의 견해를 상당부분 인용하여 수용하고 있다. 주자의 『맹자집주』가 이미 『맹자』 해석에서 상당한 권위를 갖고 있었기 때문에, 이것은 당연하고 자연스러운 현상이다. 따라서 이전부터 레게의 『맹자』 번역은 전반적으로 주자의 견해를 수용한 편이라는 학계의 세평(世評)이 있어 왔고, 『맹자집주』의 인용빈도로 볼 때 이것은 어느 정도 사실과 부합한다.

그러나 레게는 왕도의 평가처럼 『맹자』의 번역과 함께 수록된 방대한 분량의 각주를 통해 자신이 입수할 수 있는 모든 자료와 인맥을 총동원하여 다양한 견해를 폭넓게 반영하고 있다. 그는 중국역대와 당대의 수많은 경학연구가들을 참고했을 뿐만 아니라, 철저한 번역을 위해 각종 서적과 지명, 의상, 수치 등에 대한 분석과 고증을 시도했고, 심지어는 식물학자들의 견해까지 동원하고 있다. 이처럼 다양하고 엄청난 분량의 각주 때문에 번역 페이지 수가 늘어나고 출간시기가 상당기간 지체되기도 하였으나, 사실 레게 『맹자』 역주의 백미는 바로 이 풍성한 각주의 존재라고 할 수 있다. 『맹자』 전반에 대한 상세하고 흥미로운 모든 정보가 이 안에 녹아들어있기 때문이다.

레게는 정확하고 분명한 번역을 위하여 이러한 노고를 아끼지 않았다. 그 결과 뜻밖에도 본래의 『맹자』 한문원문에서는 난해해보였던 내용들이 레게 『맹자』 역문에서는 이해하기 쉬운 편안하고 간결한 새로운 이

미지로 독자들에게 전해지는 효과가 곳곳에서 나타나고 있다. 상세한 각주를 통한 전달성이 강한 평이한 원문해석 방식, 이것이 바로 레게가 추구한 『맹자』 번역 전략인 것 같다.

그 중에서도 역자들과 기획자의 주목을 끌게 한 것은 레게의 『맹자』 진심(盡心) 하 제16장의 각주이다. 이 각주를 통해서 우리는 당시 중국에서 유통되는 『맹자』의 판본과 내용이 다른 우리나라(Corea)만의 판본이 따로 존재했다는 사실을 알게 된 것이다.

<16장 원문>
孟子曰, 仁也者, 人也, 合而言之, 道也.

맹자가 말했다. "인은 사람[의 뚜렷한 특징]이다. 인은 사람의 행동으로 구현되기 때문에 [마땅히 가야 할] 길이라 불린다."

<16장 각주>
이 장은 매우 수수께끼 같다. 합(合)은 합인우인신(合仁于人身), 즉 '인과 사람의 몸을 합하다'로, 도(道)는 『중용』의 '솔성지도(率性之道)'로 해석된다. 조기의 해석자들은 『논어』 제15권 제28장을 언급하는데 이는 매우 적절하다.
그러나 주희는 한국(Corea)에서 발견된 『맹자』의 판본에 '인야(人也)' 뒤에 '의야자의야, 운운(義也者宜也, 云云)' 등 '의', '예', '지'에 대한 설명이 뒤따른다고 언급한다. 그것이 원래의 읽기라고 한다면, 마지막 어구는 '모두 합해지고 명명된 이것들은 이성의 길이다'가 될 것이다.

주자의 『맹자집주』에서는 정자(程子)의 말을 인용하여 "或曰, 外國本, 人也之下, 有義也者 宜也. 禮也者 履也, 智也者 知也, 信也者 實也. 凡二十字.(어떤 사람이 말했다. '외국의 판본에 인야(人也) 아래에 의(義)는 마땅한 것이고, 예(禮)는 실천하는 것이고, 지(智)는 아는 것이고, 신(信)은 진실한 것이다'라는 구절이 있는데 모두 20자이다.)"라고 보충해서 설명하였다.

레게는 정자가 말한 이 20개의 글자가 추가로 기록되어 있는 '외국본(外國本)'이 바로 한국(Corea)에서 발견된 『맹자』 판본이라고 확정한 것이다. 그리고 이어서 한국에서 발견된 판본에 의하면, 이 부분의 해석이

'(20자가) 모두 합해지고 명명된 이것들은 이성의 길이다'라는 의미로 확장될 수 있다고 했다. 한국의 『맹자』 판본의 추가된 내용에 의해서 번역의 의미 확장이 이루어진 것이다.

레게의 철저한 분석과 검증 태도에 비추어 본다면, 그는 아마도 당시에 중국에서 유통되던 한국의 『맹자』 판본을 직접 확인했을 것으로 추측된다. 이러한 그의 한국판 『맹자』에 대한 확증작업은 동북아시아에서 『맹자』의 유통과정에 대한 서지적 연구를 진행하는 데에 매우 중요한 자료로 활용될 가능성이 크다.

또한 이미 잘 알려진 것처럼 레게가 겉으로 표방한 『맹자』 영역의 목적은, 중국에 선교하기 위해서는 유교의 힘을 알아야 하고, 유교의 경전에 대한 이해가 필수적이라는 사실을 절감했기 때문이었다. 그러나 레게는 『맹자』 역주의 곳곳에서 선교사라는 위치에서 자신만이 갖게 되는 독특한 견해를 주장하고 있다. 천주교 신부의 위치에서 결코 포기할 수 없는 유일신의 존재를 『맹자』의 번역에 반영하고 있는 것이다. 가령 레게는 『맹자』 진심(盡心) 하 제25장 제8절의 번역과 각주를 다음과 같이 풀이하고 있다.

> <8절 원문>
> 聖而不可知之之謂神.
> 성인(聖人)이 우리의 지식 너머에 있을 때, 그는 신인(神人)으로 불린다.
> <8절 각주>
> 우리는 '聖而不可知之謂神'이라는 이 구절을 『중용』의 '지성여신'(至誠如神) 즉 '가장 완전한 성심을 소유한 사람은 신과 같다'라는 구절과 비교해 볼 수 있다. 『사서합강(四書合講)』은 맹자의 표현이 『중용』보다 더 강하다고 비판적으로 논평한다. 그러나 사실상 두 표현은 같은 의미이다.
> 혹자는 신(神)을 '신성한(divine)'으로 번역하는데, 이것은 결코 용납될 수 없는 번역이다. 그 분의 방식이 바다에 있고, 그분의 심판이 심해에 있는데, 그분의 영향력과 작용에 적합한 그 단어를 인간에게 사용함으로써 중국 작가들은 하나님의 특권을 무시한다.

레게는 하나님의 영역에 속하는 '신성한(divine)'이라는 용어를 함부로 사용한 중국 작가들의 번역을 용납할 수 없는 번역이라고 지적하고 있다. 이러한 관점은 유일신인 하나님의 개념과 존재를 부정하는 것으로, 그가 수용할 수 없는 것이었다. 그는 중국인들의 문화를 이해하고 포교를 위하여 자신이 직접 『맹자』의 번역에 나서고 있었지만, 선교사로서 자신이 신봉하는 종교의 절대적 개념인 '신성한' 유일신의 존재 자체를 .부정할 수는 없었던 것이다. 이러한 관점은 레게 『맹자』의 번역과정에서 철저하게 지켜지는 부동의 원칙이었고, 레게 『맹자』 번역의 더 이상 물러설 수 없는 마지노선이었다.

그렇다면 레게의 『맹자』 번역 역주 출간이 갖는 학술사적 의의는 무엇일까? 이를 간략히 요약해보면 아마도 다음과 같은 결론이 나오지 않을까 싶다.

우선 이번 번역은 국내에서 아직까지 시도된 적이 없는 '초역'이라는 점에서 매우 중요한 의의를 가진다. 레게 『맹자』 번역의 온전한 실체가 학계에 제시된 것이다. 이번에 기획된 레게의 『맹자』 역주를 통해서, 기존의 『맹자』 해석서와 레게의 『맹자』 해석에 담긴 독특한 사유와 언어체계의 차이를 분석할 수 있는 가능성이 열렸다. 이제 우리는 기존의 성리학적 세계관에서 창출된 텍스트가 레게의 기독교적 사유체계로 어떻게 변환되어 해석되고 있는 지를 파악할 수 있을 것이다.

또한 레게가 번역한 맹자의 핵심적인 한자용어들이(性善, 仁義, 民本, 王道-覇道, 君子-小人, 浩然之氣 등) 어떠한 의미의 당시 영어용어로 구사되어서 서구의 의미망으로 스펙트럼처럼 전파되고 있는 지를 연구할 길이 열린 셈이다. 앞으로 레게의 『맹자』 역주에 관한 다양한 연구 성과들이 양산되기를 기대해본다.

항상 역자들을 독려하며 출간을 총괄 기획해 주신 한국한자연구소 하영삼 소장께도 감사의 뜻을 전한다.

2021년 1월 20일 후학 박준원은 삼가 쓰다.

차 례 (제2책)

제4권
이루장구
離婁章句
○
상

차 례 (제2책)

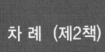

이루장구(離婁章句) 하(下) ················· 915

제4권
이루장구
離婁章句
○
하

차 례 (제2책)

제5권
만장장구
萬章章句
○
상 하

차 례 (제1책)

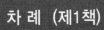

차 례 (제3책)

기획의 변
제임스 레게『맹자』초역의 학술적 의의

차 례 (제3책)

차 례 (제3책)

2. 'There are now *princes* who have benevolent hearts and a reputation for benevolence, while yet the people do not receive any benefits from them, nor will they leave any example to future ages;—all because they do not put into practice the ways of the ancient kings.

2. 聞,—4th tone. Observe the correlation of 者 and 也, the last clause assigning the reason of what is said in the preceding ones. 先王之道,— here, and below, the 道 must be taken differently from its application in the last paragraph, and = the 仁政 of that. The commentator 范 refers to king Hsüan of Ch'î (Bk. I. Pt. I. vii), as an instance of the princes who have a benevolent heart, and to the first emperor of the Liang dynasty (A. D. 502—556), whose Buddhistic scrupulosity about taking life made him have a benevolent reputation. Yet the heart of the one did not advantage the State, nor the reputation of the other the empire.

2절

今有仁心仁聞, 而民不被其澤, 不可法於後世者, 不行先王之
道也.

오늘날 마음이 어질고 어질다는 평판을 받는 [제후들]이 있지만, 그럼에도
백성들이 그로 인한 혜택을 받지 못한다면 그들은 미래 세대의 어떤 본보
기도 되지 못할 것이다. 이것은 그들 모두가 고대 왕들이 행한 방식을 실
행에 옮기지 않기 때문이다.

2절 각주

문(聞)은 4성조이다. 자(者)와 야(也)의 상관관계를 보라. 마지막 구절은 앞
구절들의 이유를 설명한다. 이 절과 이후 절의 선왕지도(先王之道)의 도
(道)는 제1절의 도(道) 즉 어진 정치(仁政)와는 다르게 해석해야 한다. 주
석가 범(范)씨[1]는 제나라 선왕(제1권 제1편 제7장 참고)을 어진 마음을 가
진 제후의 한 예로 보고, 또 다른 예로 생명을 빼앗을 때도 불교적 양심
으로 하여 자애롭다는 평판을 얻는 양(梁) 왕조(502~556) 제1대 황제를 거
론했다. 그러나 전자의 마음이 그 공국에 이익을 주지 않았고 마찬가지로
후자의 평판이 황국에 이익을 주지 않았다.

---

1) (역주) 범조우(范祖禹, 1041~1098)는 송나라 학자로 자는 순부(淳夫)이고 사마광 밑
에서 『자치통감』을 편수했다.

3. 'Hence we have the saying:—"Virtue alone is not sufficient for the exercise of government; laws alone cannot carry themselves into practice."

3. 徒善,—here 'simply being good,' i. e. virtue without laws, and 徒法 =laws without virtue; the virtue, however, being understood of the 'benevolent heart.'

4. It is said in the Book of Poetry,

"Without transgression, without forgetfulness,
Following the ancient statutes."

Never has any one fallen into error, who followed the laws of the ancient kings.

4. See the Shih-ching, Pt. III. ii. Ode V. st. 2.

3절

故曰, 徒善, 不足以爲政, 徒法, 不能以自行.

그러므로 '덕만으로는 통치에 충분하지 않고, 법만으로는 법이 저절로 실행되지 않는다'라는 격언이 있다.

3절 각주

도선(徒善)은 여기서 '단순히 착한 것' 즉 법 없는 덕이고, 도법(徒法)은 덕이나 덕스러움이 없는 법으로, 여기서 덕은 '어진 마음'으로 보아야 한다.

4절

詩云, 不愆不忘, 率由舊章, 遵先王之法而過者, 未之有也.

『시경』에서 이렇게 노래했다.

　　'위반하지 않고, 망각하지 않고,
　　옛 법령을 따른다.'

옛 왕들의 법을 따르는 사람은 절대 실수하지 않는다.

4절 각주

『시경』「대아(大雅)·생민지십(生民之什)·가락(假樂)」제2연을 보라.

5. 'When the sages had used the vigour of their eyes, they called in to their aid the compass, the square, the level, and the line, to make things square, round, level, and straight:—the use of the instruments is inexhaustible. When they had used their power of hearing to the utmost, they called in the pitch-tubes to their aid to determine the five notes:— the use of those *tubes* is inexhaustible. When they had exerted to the utmost the thoughts of their hearts, they called in to their aid a government that could not endure to witness the sufferings of men:—and their benevolence overspread the kingdom.

5. 繼之以,—literally, 'continued it with.' The line must be understood of the plumb-line, as well as of the marking-line. 準 is rightly translated,— 'the level,' but I have not been able to ascertain its original form in China. In the 前漢書, 本志, Bk. I, we read:—'From the adjustment of weights and things sprang the *lever* (衡). The lever revolving produced the *circle*. The circle produced the *square*. The square produced the *line*. The line produced the *level*.' On the last sentence 韋昭 says:—'They set up the level to look at the line, using water as the equalizer.' 不可勝 (the 1st tone)用,—see Bk. I. Pt. I. iii. 3. The nominative to 可 is the whole of what precedes from 繼. 不忍人, see Bk. II. Pt. I. vi. 1.

5절

聖人旣竭目力焉, 繼之以規矩準繩, 以爲方員平直, 不可勝用
也, 旣竭耳力焉, 繼之以六律, 正五音, 不可勝用也, 旣竭心思
焉, 繼之以不忍人之政, 而仁覆天下矣.

성인이 눈의 밝음을 모두 사용한 후 눈을 보조하기 위해 컴퍼스, 곱자, 수
평 자, 수직 줄을 이용해서 네모난 물건, 둥근 물건, 평평한 물건, 곧은 물
건을 만들었다. 그러자 그러한 [도구의] 사용은 끝이 없었다. 성인이 듣는
힘을 최대한 사용한 후 귀를 보조하기 위해 육률(六律)을 이용하여 오음계
를 결정했다. 그러자 그러한 [육률의] 사용은 끝이 없었다. 성인이 마음의
생각을 최대한 행사한 후, 보조자로 사람들의 고통을 차마 보지 못하는 정
치를 가져왔다. 그러자 그들의 인이 온 천하에 퍼졌다.

5절 각주

계지이(繼之以)는 문자 그대로 '그것을 가지고 계속하다'이다. 줄(line)은 먹줄
(선을 표지하는 것)뿐만 아니라 추선(錘線)으로 보아야 한다. 준(準)을 '수평
자'로 보는 것이 맞지만 나는 그 원래의 형태가 중국에서 무엇이었는지 확
신하지 못한다. 『전한서(前漢書)·본지(本志)』 제1권을 보면, '무게와 물건을
조정하기 위해 지렛대 [형, 衡]이 생겼다'라고 한다. 회전 지레는 [원]을 만들
었다. 원은 [네모]를 만들었다. 네모는 [선]을 만들었다. 선은 [수평선]을 만들
었다. 마지막 문장을 두고 위소(韋昭)[2]는 '그들은 수평 자를 설치해서 선
(line)을 살피고, 물을 평형자로 사용했다'라고 말한다. 불가승용(不可勝[1성죄
用)은 제1권 제1편 제3장 제3절을 보라. 가(可)의 주어는 계(繼)의 앞부분 전
체이다. 불인인(不忍人)은 제2권 제1편 제6장 제1절을 보라.

---

2) (역주) 위소(韋昭 201~273)는 위요(韋曜)라고도 불리며, 자가 홍사(弘嗣)로 삼국시대 운양
(雲陽) 사람이다. 오(吳)나라에서 여러 관직을 역임해서 고릉정후(高陵亭侯)로 봉해졌다.
그는 어릴 적부터 학문에 정진하여 오나라 역사서인 『오서』(吳書)를 편찬했다.

6. 'Hence we have the saying:—"To raise a thing high, we must begin from *the top of* a mound or a hill; to dig to *a great* depth, we must commence in *the low ground of* a stream or a marsh." Can he be pronounced wise, who, in the exercise of government, does not proceed according to the ways of the former kings?

6. 因=依, 'to conform to,' i. e., here to take advantage of. The saying is found in the Lî Chî, VIII. ii, 10.

7. 'Therefore only the benevolent ought to be in high stations. When a man destitute of benevolence is in a high station, he thereby disseminates his wickedness among all *below him.*

6절

故曰, 爲高, 必因丘陵, 爲下, 必因川澤, 爲政, 不因先王之道, 可謂智乎.

그래서 다음의 격언이 있다. '어떤 물건을 높이 올리려면 우리는 구릉 또는 언덕의 [꼭대기]에서 시작해야 하고, [매우] 깊이 파려면 하천 또는 늪의 [낮은 바닥]에서 시작해야 한다.' 정치를 행함에 있어 이전 왕들의 방식을 따르지 않는 자를 어찌 현명하다 할 수 있겠는가?

6절 각주

인(因)은 의(依), '~에 순응하다'로, 여기서는 '~을 이용하다'의 의미이다. 이 격언은 『예기』「예기(禮器)」하 제10장에 있다.

7절

是以惟仁者, 宜在高位, 不仁而在高位, 是播其惡於衆也.

그래서 어진 사람만이 높은 자리에 있어야 한다. 인이 부족한 사람이 높은 자리에 있으면 그의 사악함이 [그 아래 있는] 모든 사람에게 뿌려진다.

8. 'When the prince has no principles by which he examines *his administration*, and his ministers have no laws by which they keep themselves *in the discharge of* their duties, then in the court obedience is not paid to principle, and in the office obedience is not paid to rule. Superiors violate the laws of righteousness, and inferiors violate the penal laws. It is only by a fortunate chance that a State in such a case is preserved.

8. This paragraph is an expansion of the last clause of the preceding, illustrating how the wickedness flows downwards; with its consequences. 上,—'the highest,' i. e. the prince. 下, the next 'below,' his ministers. 朝, —ch'âo, the 2nd tone, 'the court,' and 工, as opposed to it, the various officers, as having their 'work' to do. 君子and 小人,—with reference to station. The 也 at the end of the two clauses shows that they are both equally assertive, though the prince, governed and governing by principles of righteousness, will be a law to his ministers.

8절

上無道揆也, 下無法守也, 朝不信道, 工不信度, 君子犯義, 小
人犯刑, 國之所存者幸也.

제후가 [국정을] 살필 원리가 없을 때, 신하들이 [의무를 행할 때] 스스로
준수해야 할 법이 없을 때, 조정은 원리에 순종하지 않고 관리들은 통치
에 순종하지 않는다. 그래서 윗사람이 의의 법을 위반하고 아랫사람이 형
법을 위반한다. 그러고도 공국이 유지된다면 요행일 뿐이다.

8절 각주

이 절은 제7절의 마지막 구절을 확장한 것으로 사악함이 아래로 흐르는
방식과 그 결과를 예시한다. 상(上)은 '가장 높은'으로 즉 제후를 의미한다.
하(下)는 그다음 '아래'로 대신들을 의미한다. 조(朝)는 2성조로 '조정'을,
공(工)은 그와 반대로 해야 할 '일'이 있는 여러 관리를 의미한다. 군자(君
子)와 소인(小人)은 그들의 지위를 가리킨다. 제후가 인(仁)의 원리에 따라
다스릴 때 그는 신하에게 법이 될 것이지만, 두 구절의 끝에 있는 야(也)
는 원리와 법이 없다는 것을 단언적으로 보여준다.

9. 'Therefore it is said, "It is not the exterior and interior walls being incomplete, and the supply of weapons offensive and defensive not being large, which constitutes the calamity of a kingdom. It is not the cultivable area not being extended, and stores and wealth not being accumulated, which occasions the ruin of a State." When superiors do not observe the rules of propriety, and inferiors do not learn, then seditious people spring up, and *that State* will perish in no time.

9. 城郭,ㅡsee Bk. II. Pt. II. i. 2. 辟=闢, as in Bk. I. Pt. I. vii, 16. 田野, ㅡ'fields and wilds.' 喪,ㅡ4th tone.

9절

故曰, 城郭不完, 兵甲不多, 非國之災也, 田野不辟, 貨財不聚, 非國之害也, 上無禮, 下無學, 賊民興, 喪無日矣.

그러므로 '나라에 재앙을 불러일으키는 것은 외성과 내성이 불완전하기 때문도 아니고 공격 무기와 방어 무기의 공급이 충분하지 않아서도 아니다. 한 공국을 패망하게 하는 것은 경작지가 확장되지 않아서도 아니고 창고와 부가 축적되지 않아서도 아니다'라고 한다. 윗사람이 예법을 지키지 않고 아랫사람이 예법을 배우지 않을 때 반역도들이 일어나게 되고 [그 공국은] 곧 사라진다.

9절 각주

성곽(城郭)은 제2권 제2편 제1장 제2절을 보라. 벽(辟)은 벽(闢)으로 제1권 제1편 제7장 제16절과 같다. 전야(田野)는 전답과 들이다. 상(喪)은 4성조이다.

3. 'Confucius said, "There are but two courses, *which can be pursued,* that of virtue and its opposite."

3. If the remark were Mencius's own, we should translate 仁 by 'benevolence.' The term in Confucius rather denotes 'perfect virtue.' By the course of virtue is intended the imitation of Yâu mid Shun; by its opposite, the neglect of them as models.

3절

孔子曰, 道二, 仁與不仁而已矣.

공자께서 말씀하시길, '[추구할 수 있는] 길은 단 두 가지로, 덕의 길과 그 반대의 길이다.'라고 했다.

3절 각주

이 말을 맹자 자신이 했다면, 우리는 인(仁)을 'benevolence'으로 번역해야 한다. 이에 반해 공자의 인(仁)은 '완벽한 덕(perfect virtue)'에 가깝다. 덕이 가고자 하는 길은 요와 순을 모방하는 것이다. 그 반대의 길은 요와 순을 모범으로 받아들이지 않는 것이다.

4. '*A ruler who* carries the oppression of his people to the highest pitch, will himself be slain, and his kingdom will perish. If one stop short of the highest pitch, his life will *notwithstanding* be in danger, and his kingdom will be weakened. He will be styled "The Dark," or "The Cruel," and though he may have filial sons and affectionate grandsons, they will not be able in a hundred generations to change *the designation.*

4. By sovereigns, who carry their oppression to the highest pitch, Mencius intends, as his examples, Chieh and Châu, the last sovereigns of the Hsiâ and Yin dynasties. By 'The Dark' and 'The Cruel,' he intends the twelfth(B. C. 780) and tenth(B. C. 878) kings of the Châu dynasty, who received those posthumous indelible designations. 1 take 削 in the sense of 'weakened' (dictionary 弱), which it elsewhere has in Mencius.

4절

暴其民甚, 則身弑國亡, 不甚, 則身危國削, 名之曰幽厲, 雖孝子慈孫, 百世不能改也.

백성을 억압하여 극한으로 몰고 가는 [통치자]는 칼을 맞을 것이고 그의 왕국은 멸망할 것이다. 백성에 대한 억압이 극한에 이르지 않더라도 그의 목숨은 위험할 것이고 그의 왕국은 약해질 것이다. 그는 '어두운 자', '잔인한 자'라는 평판을 들을 것이다. 그에게 효자와 사랑스러운 손자가 있다 해도 백 세대가 지나도 [평판이] 바뀌지 않을 것이다.

4절 각주

백성을 억압하여 극한으로 몰고 가는 군주의 예로 맹자가 의도한 사례는 하나라와 은나라의 마지막 왕들인 걸왕과 주왕이다. 맹자가 '어두운 자'와 '잔인한 자'로 의도한 것은 주나라의 제12대 왕(기원전 781년)과 제10대 왕(기원전 876년)으로 그들은 사후에 지울 수 없는 오명을 얻게 된다. 나는 『맹자』의 다른 곳과 마찬가지로 삭(削)을 '약해진'(사전의 약[弱])의 의미로 해석한다.

5. 'This is what is intended in the words of the Book of Poetry,

"The beacon of Yin is not remote,
It is in the time of the (last) sovereign of Hsiâ."'

5. See the Shih-ching, III, iii, Ode I, st. 8, an ode of the time of the monarch Lî(厲), intended for his warning. The sovereign of Hsiâ is the tyrant Chieh, and by Yin is intended the tyrant Châu, by whoso fate, though he neglected the lesson furnished him by that of Chieh, it is suggested that Lî should be admonished.

5절

詩云, 殷鑒不遠, 在夏后之世, 此之謂也.

이것이 바로 『시경』의 다음의 말로 의도한 바이다.

'은나라의 봉화는 먼 곳에 있지 않다.
그것은 하나라의 [마지막] 군주의 시대에 있다."

5절 각주

『시경』 「대아(大雅)·탕지십(蕩之什)·탕(蕩)」 제8연을 보라. 려왕(厲王)의 시대의 시로 려왕에게 경고하기 위한 것이다. 하나라의 군주는 폭군 걸왕이고 은나라의 군주는 폭군 주왕이다. 비록 주왕은 걸왕의 운명이 주는 교훈을 무시했지만 려왕은 주왕처럼 되지 않도록 경계해야 함을 암시한다.

CHAPTER III

CH. 3. THE IMPORTANCE TO ALL, AND SPECIALLY, TO RULERS, OF EXERCISING BENEVOLENCE.

1. Mencius said, 'It was by benevolence that the three dynasties gained the throne, and by not being benevolent that they lost it.

1. 'The three dynasties' are the Hsiâ, the Shang, and the Châu. It is a bold utterance, seeing the Châu dynasty was still existing in the time of Mencius, though he regarded it as old and ready to vanish away. He has a reference, according to Chû Hsî, to the sovereigns Lî and Yú, mentioned in the last chapter.

제3장

인을 행하는 것이 모두에게 특히 통치자에게 중요하다.

1절

孟子曰, 三代之得天下也, 以仁, 其失天下也, 以不仁.

맹자가 말했다. "세 왕조가 천하를 얻게 된 것은 인을 통해서였고, 천하를 잃게 된 것은 어질지 않았기 때문이었다.

1절 각주

'세 왕조'는 하나라와 상나라 그리고 주나라이다. 맹자 시대에 주나라가 존속하고 있음에도 불구하고 주나라를 오래되고 곧 사라질 나라로 보고 있다는 점에서 과감한 발언으로 볼 수 있다. 주희에 따르면, 어질지 않은 자는 제2장에서 언급된 려(厲)왕과 유(幽)왕을 가리킨다.

2. 'It is by the same means that the decaying and flourishing, the preservation and perishing, of States are determined.

3. 'If the sovereign be not benevolent, be cannot preserve the throne *from passing from him*. If the Head of a State be not benevolent, he cannot preserve his rule. If a high noble or great officer be not benevolent, he cannot preserve his ancestral temple. If a scholar or common man be not benevolent, be cannot preserve his four limbs.

3. 四海,—'the four seas,' i. e. all with them, as subject to the sovereign's jurisdiction. There is a special reference, however, to the sovereign's right to offer all sacrifices:—those peculiar to himself, and those open to others. 社稷,—'the spirits of the land and the grain,' i. e. the spirits securing the stability and prosperity of a particular State, which it was the prerogative of the ruler to sacrifice to. Hence the expression is here used figuratively. See the Lî Chî, Bk. III, iii. 6.

2절

國之所以廢興存亡者, 亦然.

공국의 부패와 번창 그리고 유지와 소멸이 결정되는 방식은 같다.

3절

天子不仁, 不保四海, 諸侯不仁, 不保社稷, 卿大夫不仁, 不保宗廟, 士庶人不仁, 不保四體.

천자가 어질지 않으며 [물려받은] 사해의 왕권을 유지할 수 없다. 한 공국의 수장이 어질지 않으면 통치를 유지할 수 없다. 고관 대신들이 어질지 않으며 조상의 사당을 유지할 수 없다. 학자와 일반 사람이 어질지 않으면 사지를 유지할 수 없다.

3절 각주

사해(四海)는 천자의 사법권에 종속된 모든 이들을 포함한다. 특히 천자만이 다룰 수 있는 제물과 다른 사람도 쓸 수 있는 제물 모두를 바칠 수 있는 천자의 권리를 가리킨다. 사직(社稷)은 '토지와 곡물의 신' 즉 특정 공국의 안정과 번영을 지켜주는 신으로 그들에게 제를 지내는 것은 통치자의 특권이었다. 그래서 그 표현은 여기서 비유적으로 사용된다. 『예기』「왕제(王制)」제3편 제6장을 보라.

4. 'Now they hate death and ruin, and yet delight in being not benevolent;─this is like hating to be drunk, and yet being strong *to drink* wine!

   4. 惡,─the verb, in 4th tone, 'to hate, dislike.' 强(in 2nd tone)酒,─like the Hebrew idiom, Isa. v. 22. This is spoken with reference to the princes of Mencius's time.

4절

今惡死亡, 而樂不仁, 是猶惡醉而强酒.

지금 그들은 죽음과 폐망을 싫어하면서도 어질지 않은 것을 즐긴다. 이것은 술에 취하는 것은 싫어하지만 술이 [세서] 술을 마시는 것과 같다."

4절 각주

오(惡)은 4성조의 동사로 '미워하다, 싫어하다'이다. '강주'(强[2성조]酒)는 「이사야」 제5장 제22절의 히브리어 관용 표현과 같다.[4] 이것은 맹자 시대의 제후들을 가리킨다.

---

4) (역주) "포도주쯤은 말로 마시고, 온갖 독한 술을 섞어 마시고도, 끄떡도 하지 않는 자들에게, 재앙이 닥친다!"(「이사야」 제5장 제22절)

CHAPTER VI

CH. 6. THE IMPORTANCE TO A RULER OF SECURING THE ESTEEM AND SUBMISSION OF THE GREAT HOUSES.

Mencius said, 'The administration of government is not difficult;—it lies in not offending the great families. He whom the great families affect, will be affected by the whole State; and he whom *any* one State affects, will be affected by the whole kingdom. When this is the case, such an one's virtue and teachings will spread over all within the four seas like the rush of water.'

제6장

통치자는 대가문의 존경과 순종을 얻는 것이 중요하다.

孟子曰, 爲政不難, 不得罪於巨室, 巨室之所慕, 一國慕之, 一國之所慕, 天下慕之, 故沛然德敎溢乎四海.

맹자가 말했다. "조정을 다스리는 것은 어렵지 않다. 대가문들을 불쾌하게 하지 않으면 된다. 대가문이 흠모하는 자는 공국 전체도 흠모할 것이다. 한 공국이라도 흠모하는 자는 전 왕국도 흠모할 것이다. 그러하므로 그 같은 사람의 덕과 가르침은 세찬 물줄기처럼 사해 내의 모든 이들에게 퍼질 것이다."

The 'not offending' is to be taken in a moral sense;—the ruler's doing nothing but what will command the admiring approbation of the old and great families in the State. In illustration of the sentiment, A story is related from Liû Hsiang of the Duke Hwan of Ch'î. Lighting one day in hunting, on an old man of eighty-three, the duke sought his blessing, that he might attain a like longevity. The old man then prayed, 'May my ruler enjoy great longevity, despising gems and gold, and making men his jewels.' At the duke's request he prayed a second time, that he might not be ashamed to learn even from his inferiors, and a third time, 'May my sovereign not offend against his ministers and the people!' This answer offended the duke. 'A son,' he said, 'may offend against his father, and a minister against his sovereign. But how can a ruler offend against his ministers?' The old man replied, 'An offending son may get forgiveness through the intercessions of aunts and uncles. An offending minister may be forgiven by the intercession of the ruler's favourites and attendants. But when Chieh offended against T'ang, and Châu offended against Wû;—those were cases in point. There was no forgiveness for them.' 所慕,—'whom they affect,' not what. Observe the force of 故.

6장 각주

'불쾌하게 하다는 도덕적인 의미로 받아들여야 한다. 통치자는 공국의 누대 거족이 인정할 수 있는 것만 해야 한다. 유사한 취지의 예에는 제나라 환공에 관련된 유향(劉向)의 이야기가 있다. 그는 어느 날 사냥에서 우연히 83세의 노인을 보고 그처럼 장수할 수 있도록 자신을 축복해달라고 했다. 그때 노인은 "제후께서 보석과 금을 멀리하고 인간을 보석으로 만들며 오래오래 사시길 바랍니다!"라고 기도했다. 환공의 요청으로 그가 두 번째 축원했을 때에 "아랫사람에게서 배우는 것을 부끄러워하지 않기를 바랍니다", 세 번째 축원 때는 "제후께서 신하와 백성을 공격하지 않기를 바랍니다."라고 기도했다. 환공은 이 축원을 듣고 기분이 상했다. 환공이 말하길, "아들이 아버지의 마음을, 신하가 통치자의 마음을 상하게 할 수 있다. 그러나 어떻게 통치자가 신하의 마음을 상하게 할 수 있단 말인가?"라고 했다. 이에 노인이 대답했다. "마음을 상하게 한 아들은 고모와 삼촌이 개입하여 용서를 구할 수 있습니다. 기분을 상하게 한 신하는 통치자의 총신과 부하가 개입하여 용서를 구할 수 있습니다. 그러나 걸이 탕왕을, 주가 무왕의 기분을 상하게 했을 때는 어떻게 되었습니까? 이것이 바로 그러한 예입니다. 그들에게는 용서가 없었습니다." 소모(所慕)는 '그들이 흠모하는 사람이지' 물건이 아니다. 고(故)의 힘을 보라.

CHAPTER VII

CH. 7. HOW THE SUBJECTION OF ONE STATE TO ANOTHER IS DETERMINED. AT DIFFERENT TIMES. A PRINCE'S ONLY SECURITY FOR SAFETY AND PROSPERITY IS IN BEING BENEVOLENT.

1. Mencius said, 'When right government prevails in the kingdom, *princes of* little virtue are submissive to *those of* great, and those of little worth to *those of* great. When bad government prevails in the kingdom, *princes of* small power are submissive to those of great, and the weak to the strong. Both these cases are *the rule of* Heaven. They who accord with Heaven are preserved, and they who rebel against Heaven perish.

1. Many commentators say that by 大德 and 大賢 reference is made to the sovereign, but the declarations may as well be taken generally. 斯二者天也,—'Heaven,' it is said, 'embraces here the ideas of what must be in reason, and the different powers of the contrasted States(兼理勢言).' This is true, but why sink the idea of a Providential government which is implied in 'Heaven'?

제7장

한 공국이 다른 공국에 종속되는 방식은 그 시대가 결정한다. 제후가 어질 때에만 그 나라는 안전과 번영을 누린다.

1절

孟子曰, 天下有道, 小德役大德, 小賢役大賢, 天下無道, 小役大, 弱役强, 斯二者, 天也, 順天者存, 逆天者亡.

맹자가 말했다. "바른 정치가 왕국에 우세할 때, 덕이 작은 [제후]가 덕이 큰 제후에게 순종하고, 현능함이 적은 제후가 현능함이 큰 제후에게 순종한다. 나쁜 정치가 왕국에 팽배할 때, 작은 권력을 지닌 [제후]가 큰 권력을 지닌 제후에게 순종하고, 약자가 강자에게 순종한다. 이 두 경우는 하늘[의 법]이다. 하늘을 따르는 자는 보존되고, 하늘에 반하는 자는 사라진다.

1절 각주
여러 주석가가 여기서의 대덕(大德)과 대현(大賢)은 군주를 가리킨다고 말한다. 그러나 이 선언이 반드시 군주를 지시하는 것은 아니라고 볼 수도 있다. '사이자, 천야(斯二者, 天也)'는 '하늘은 이치에 맞는 공국과 이치에 맞지 않는 공국의 서로 대조되는 힘을 포용한다[겸리세언(兼理勢言)]'라고 한다. 이것은 맞는 말이지만 그러면 '하늘'에 암시된 것이 신의 섭리에 의한 통치라는 생각이 간과된다.

2. 'The duke Ching of Ch'î said, "Not to be able to command others, and at the same time to refuse to receive their commands, is to cut one's self off from all intercourse with others." His tears flowed forth while he gave his daughter to be married *to the prince of* Wû.

2. 景公,─see Analects, XII. xi. 絶物,─物 is taken as used for 人, 'men,' but the phrase is a contracted one, and =與人暌絶, 'separated from other men,' or 絶 may be taken actively, which I prefer, and similarly supplemented, 女,─in 4th tone, 'ti give a daughter in marriage.' Wû, corresponding to the northern part of the present Cheh-chiang, and the south of Chiang-sû, was in Confucius's time still reckoned a barbarous territory, and the princes of the Middle Kingdom were ashamed to enter into relations with it. The duke Ching, however, yielded to the force of circumstances and so saved himself. The daughter so married soon died. She pined away for her father and her native Ch'î, and was followed to the grave by her husband. The old king of Wû, barbarian as he was, showed much sympathy for his young daughter─in─law.

2절

齊景公曰, 旣不能令, 又不受命, 是絶物也, 涕出而女於吳.

제나라 경공이 말하길, '다른 사람들에게 명령할 수 없고 동시에 그들의 명령을 받기를 거부하는 것은 자신과 다른 사람들과의 모든 관계를 끊는 것이다'라고 했다. 그는 눈물을 흘리면서 딸을 [오나라의 제후에게] 시집 보냈다.

2절 각주

경공(景公)은 『논어』 제12권 제11장을 보라. 절물(絶物)의 물(物)은 인(人) 으로 사용된 것으로 보이고, '절물'은 '여인규절'(與人睽絶) 즉 '다른 사람 들로부터 분리되다'의 준말이다. 나는 또한 절(絶)을 능동으로 보는 해석 을 선호하여 이를 번역에 반영했다. 여(女)는 4성조로 딸을 시집보내는 것 이다. 오나라는 현재의 절강(浙江)의 북부 지역과 강소(江蘇)의 남쪽에 해 당하는 지역으로 공자 시대에는 여전히 야만인이 사는 곳으로 간주되었 다. 그래서 중심부 중국의 제후들은 오나라와 관계를 맺는 것을 부끄러워 했다. 그러나 경공은 현실을 인정하고 자구책을 마련하였다. 그렇게 결혼 한 딸은 곧 죽었다. 딸은 아버지와 모국인 제나라를 그리워하다 병이 들 었고 그녀의 남편은 그녀를 따라 죽었다. 오나라의 늙은 왕은 야만인이었 지만 어린 며느리를 많이 안타까워했다.

3. 'Now the small States imitate the large, and yet are ashamed to receive their commands. This is like a scholar's being ashamed to receive the commands of his master.

3. 師,一'to imitate,' 'to make a master of.' Mencius's meaning is that the smaller States followed the example of the larger ones in what was evil, and yet did not like to submit to them. 弟子,一'a youth,' here, = a pupil.

4. 'For a prince who is ashamed of this, the best plan is to imitate king Wan. Let one imitate king Wan, and in five years, if his State be large, or in seven years, if it be small, he will be sure to give laws to the kingdom.

4. 爲政,一'be exercising government,' =giving law to.

3절

今也, 小國師大國, 而恥受命焉, 是猶弟子而恥受命於先師也.

오늘날 작은 공국들이 큰 공국들을 모방하지만 그들의 명령을 받는 것을 부끄러워한다. 이것은 학자가 스승의 명령을 받는 것을 부끄러워하는 것과 같다.

3절 각주

사(師)는 '모방하다' '~을 스승으로 삼다'이다. 맹자의 의미는 작은 공국이 악을 행함에 있어 큰 공국을 따라 하지만 그들에게 복종하기를 좋아하지 않았다는 것이다.

4절

如恥之, 莫若師文王, 師文王, 大國五年, 小國七年, 必爲政於 天下矣.

제후가 이를 부끄러워할 때 할 수 있는 최고의 방법은 문왕을 모방하는 것이다. 문왕을 모방하라. 그러면 그의 공국이 크면 5년 후에, 그의 공국이 작으면 7년 후에 반드시 천하를 다스리게 될 것이다.

4절 각주

위정(爲政)은 '통치하고 있다' 즉 '~에 법을 주다'이다.

5. 'It is said in the Book of Poetry,

"The descendants of *the sovereigns of* the Shang dynasty,
Are in number more than hundreds of thousands,
But, God having passed His decree,
They are all submissive to Châu.
They are submissive to Châu,
Because the decree of Heaven is not unchanging.
The officers of Yin, admirable and alert,
Pour out the libations, and assist in the capital *of Châu.*"

Confucius said, "*As against so* benevolent *a sovereign*, they could not be deemed a multitude." Thus, if the prince of a state love benevolence, he will have no opponent in all the kingdom.

5. See the Shih-ching, III, i, Ode I, st. 4, 5. 不億 =不止於億, 'not hundreds of thousands only,' 侯于周服 is an inversion for 侯服于周. 侯 is here an introductory particle,=惟. 仁不可爲眾 is to be understood as a remark of Confucius on reading the portion of the Shih-ching just quoted:—'against a benevolent prince, like king Wăn, the myriads of the adherents of Shang ceased to be myriads. They would not act against him.' The explanation in the 日講 = 'numerous as the adherents of Shang were, 以我周之人, 是眾不可爲(=以爲)眾).

5절

詩云, 商之孫子, 其麗不億, 上帝旣命, 侯于周服, 侯服于周, 天命靡
常, 殷士6)膚敏, 祼將于京, 孔子曰, 仁不可爲衆也, 夫國君好仁, 天
下無敵.

『시경』에서 이렇게 노래했다.

> '상 왕조의 군주들의 자손은,
> 그 수가 수십만 명이 넘지만
> 하나님이 천명을 내린 후
> 모두 주나라에 복종한다.
> 주나라에 복종하는 것은,
> 천명이 변했기 때문이다.
> 은나라의 신하가 우아하고 신중하게,
> 제주를 부으며 [주나라의] 수도에서 제사를 돕는다.'

공자가 말하길, '그들은 [그토록] 인자한 [군주에 맞설 정도의] 다수가 될
수 없었다'라고 했다. 이리하여, 한 공국의 제후가 인(仁)을 사랑하면 온 왕
국에 그에 맞설 적수가 없을 것이다.

5절 각주

『시경』「대아(大雅)·문왕지십(文王之什)·문왕(文王)」제4~5연을 보라. '불억'(不億)
은 '부지어억'(不止於億)으로, '단지 수십만 명이 아니다'이다. 후우주복(侯于周
服)은 후복우주(侯服于周)의 도치이다. 후(侯)는 여기서 도입사로 유(惟)와 같
다. 인불가위중(仁不可爲衆)은 바로 앞의 『시경』의 시에 대한 공자의 언급으
로 보아야 한다. 그 뜻은 '문왕과 같은 인자한 군주를 보고 상나라를 지지하는
무수한 지지자들의 수가 많이 감소했다. 그들은 문왕에게 맞서 행동하려 하지
않았다'이다. 『일강』은 '상나라의 지지자의 수가 많았음에도, 以我周之人, 是
衆不可爲[=以爲衆(이아주지인, 시중불가위[=이위]중) 즉 우리는 주나라 사람
들이기에 이들의 많음은 많다고 여기지 않는다)로 설명한다.

---

6) (역주) 레게 원문에는 '사(士)'가 '십(十)'으로 오기 되어 있어 수정했다.

CHAPTER IX

CH, 9. ONLY BY BEING BENEVOLENT CAN A PRINCE RAISE HIMSELF TO BE SOVEREIGN, OR EVEN AVOID RUIN.

1. Mencius said, 'Chieh and Châu's losing the throne, arose from their losing the people, and to lose the people means to lose their hearts. There is a way to get the kingdom:―get the people, and the kingdom is got. There is a way to get the people:―get their hearts, and the people are got. There is a way to get their hearts:―it is simply to collect for them what they like, and not to lay on them what they dislike.

1. 與之聚之,―與之=爲民. Châo Ch'î interprets it,―聚其所欲而與之, taking 與 in the sense of 'to give,' but this does not appear to be admissible here. To collect for the people what they like, is to govern in such a way that they shall enjoy their lives. One illustrates the meaning from 鼂(Ch'âo)錯, of the Han dynasty, who did service in the recovery of the ancient books, thus:―'Men like long life, and the founders of the three dynasties cherished men's lives and kept them from harm: men love wealth, and those kings enriched them, and kept them from straits, &c.'

제9장

제후가 천자의 자리에 오를 수 있는 것도 그리고 심지어 파멸을 피할 수 있는 것도 오로지 인을 통해서이다.

1절

孟子曰, 桀紂之失天下也, 失其民也, 失其民者, 失其心也, 得天下有道, 得其民, 斯得天下矣, 得其民有道, 得其心, 斯得民矣, 得其心有道, 所欲, 與之聚之, 所惡, 勿施爾也.

맹자가 말했다. "걸과 주가 왕위를 잃은 것은 백성을 잃어서이고 백성을 잃는 것은 백성의 마음을 잃은 것을 의미한다. 왕국을 얻는 방법이 있다. 즉 백성을 얻으면 왕국을 얻게 된다. 백성을 얻는 방법이 있다. 즉 백성의 마음을 얻으면 백성을 얻게 된다. 백성의 마음을 얻는 방법이 있다. 즉 백성들을 위해 그들이 좋아하는 것을 모으고 그들이 싫어하는 것을 부가하지 않는 것이다.

1절 각주

여지취지(與之聚之)의 여지(與之)는 위민(爲民)과 같다. 조기는 이를 취기소욕이여지(聚其所欲而與之)로 해석하는데, 이는 여(與)를 '주다'의 의미로 해석한 것으로, 여기서는 맞지 않는 것 같다. 백성들이 좋아하는 것을 모으는 것은 그들이 삶을 즐길 수 있도록 통치를 하는 것이다. 혹자는 고대의 책을 복구하는데 이바지했던 한나라의 조조(鼂錯)[7]의 말을 빌어 그 의미를 다음과 같이 명확하게 하였다. '백성들이 장수(長壽)를 원하므로 왕조의 시조들은 백성들의 목숨을 소중하게 여겨 해를 입지 않도록 지켜주었다. 백성들이 부를 사랑하므로 그 왕들은 그들이 부유하고 궁핍하지 않도록 지켜주었다 등등.'

---

7) (역주) 조조(鼂錯, 기원전 200~기원전 154)는 중국 하남성 출신으로 한나라의 경제를 계획했던 책사이다.

2. 'The people turn to a benevolent rule as water flows downwards, and as wild beasts fly to the wilderness.

2. It is best to take 仁 here in the concrete. 走, as it is marked, is in the 4th tone. The dictionary gives it in the same in Bk. I. Pt. I. iii. 2.

3. 'Accordingly, as the otter aids the deep waters, driving the fish into them, and the hawk aids the thickets, driving the little birds to them, *so* Chieh and Châu aided T'ang and Wû, driving the people to them.

3. 爲,—in 4th tone. 敺 = 驅. 爲淵敺魚者,—'he or that which drives the fish for the deep waters.' The 獺 is the otter. For a curious particular about it, see the Lî Chî, IV(月令) Sect. i, I. 8. 爵 is given in the dictionary as 鳥名, 'the name of a bird.' Chû Hsî takes it, however, as= 雀, a general name for small birds.

2절

民之歸仁也, 猶水之就下, 獸之走壙也.

백성들이 어진 통치로 돌아오는 것은 물이 아래로 흐르는 것과 같고 동물들이 황야로 내닫는 것과 같다.

2절 각주

인(仁)은 여기서는 구체적으로 해석하는 것이 최선이다. 주(走)는 표시처럼 4성조이다. 사전의 의미는 제1권 제1편 제3장 제2절과 동일하다.

3절

故爲淵敺魚者, 獺也, 爲叢敺爵者, 鸇也, 爲湯武敺民者, 桀與紂也.

수달이 깊은 강으로 고기를 몰아주어 강을 돕듯이, 매가 숲으로 작은 새를 몰아주어 숲을 돕듯이, 걸과 주가 탕왕과 무왕에게 사람들을 몰아주어 왕을 도왔다.

3절 각주

위(爲)는 4성조이다. 구(敺)는 구(驅)와 같다. 위연구어자(爲淵敺魚者)는 '깊은 물을 위해 고기를 몰아주는 사람이나 그것'이다. 달(獺)은 수달이다. 궁금한 점이 있으면 『예기』「월령(月令)」상 제1장 제8절을 보라. 작(爵)은 사전적 의미로 새의 이름이다. 그러나 주희는 이를 작은 새를 가리키는 일반적 이름인 작(雀)으로 해석한다.

4. 'If among the present rulers of the kingdom, there were one who loved benevolence, all the *other* princes would aid him, by driving *the people to him*. Although he wished not to become sovereign, he could not avoid becoming so.

4. 王,一in 4th tone, and in next paragraph also.

4절

今天下之君, 有好仁者, 則諸侯皆爲之敺矣, 雖欲無王, 不可得
已.

왕국의 현재 통치자 가운데서 인을 사랑한 자가 있다면, [다른] 모든 제후
가 [그에게 사람들을] 몰아주어 도울 것이다. 그가 원하지 않는다고 하더
라도 왕이 되는 것을 피할 수 없을 것이다.

4절 각주
왕(王)은 다음 절과 마찬가지로 4성조이다.

5. 'The case of *one of* the present princes wishing to become sovereign is like the having to seek for mugwort three years old, to cure a seven years' sickness. If it have not been kept in store, the patient may all his life not get it. If the princes do not set their wills on benevolence, all their days will be in sorrow and disgrace, and they will be involved in death and ruin.

5. 苟爲不畜, 終身不得 is by most commentators interpreted,—'If you now, feeling its want, begin to collect it, it may be available for the cure. You can hold on till it is so. If you do not at once set about it, your case is hopeless.' Perhaps the 爲 and 不 should determine in favour of this view. Châo Ch'î interprets as in the translation. The down of the mugwort, burnt on the skin, is used for purposes of cautery. The older the plant, the better.

5절

今之欲王者, 猶七年之病, 求三年之艾也, 苟爲不畜, 終身不得,
苟不志於仁, 終身憂辱, 以陷於死亡.

오늘날의 제후 가운데서 군주가 되기를 원하는 자는 7년동안 질병을 앓은
환자가 3년 된 쑥을 구하는 것과 같다. 쑥을 미리 창고에 보관하지 않는
다면 평생 그 쑥을 얻을 수 없을 것이다. 제후들이 인에 뜻을 두지 않는
다면 평생 슬퍼하고 치욕을 당하고 죽음과 파멸에 빠질 것이다.

5절 각주

구위불축(苟爲不畜), 종신부득(終身不得)을 대부분의 주석가들은 '지금 그
것의 결핍을 느껴 모으기 시작한다면 치료를 위해 쓸 수 있다. 당신은 그
렇게 될 때까지 그것을 계속 가지고 있을 수 있다. 당신이 당장 그 일에
착수하지 않는다면, 당신에게는 희망이 없다'로 해석한다. 아마도 위(爲)와
불(不)은 이런 관점으로 해석해야 할 것이다. 나의 번역은 주희의 해석과
같다. 쑥을 꺾어 살 위에 태우는 것은 치료를 위한 것이다. 쑥은 오래되면
될수록 좋다.

6. 'This is illustrated by what is said in the Book of Poetry,

"How *otherwise* can you improve *the kingdom*?
You will only with it go to ruin."'

6. The quotation from the Shih-ching is of the two lines immediately
following the last quotation in chap. vii. 載,一a particle,=則.

6절

詩云, 其何能淑, 載胥及溺, 此之謂也.

『시경』에서는 이를 일러 이렇게 노래했다.

'[그렇게 하지 않으면] [왕국을] 어떻게 발전시킬 수 있겠는가?
너는 단지 왕국과 함께 파멸로 갈 뿐이다.'"

6절 각주

여기서 인용된 『시경』은 제7장 제6절의 『시경』의 시행 바로 뒤에 이어지
는 제2행이다. 재(載)는 어조사로 즉(則)을 의미한다.

CHAPTER X

CH.10. A WARNING TO THE VIOLENTLY EVIL, AND THE WEAKLY EVIL.

1. Mencius said, 'With those who do violence to themselves, it is impossible to speak. With those who throw themselves away, it is impossible to do anything. To disown in his conversation propriety and righteousness, is what we mean by doing violence to one's self. *To say—* "I am not able to dwell in benevolence or pursue the path of righteousness," is what we mean by throwing one's self away.

1. 自暴者, 'those who are cruel to themselves,' i. e. those who deny, and act contrary to their own nature. 非, a verb. 'to disown,' 'to condemn.' 與有言, 有爲,—'to have conversation (words), to have action (doing) with them,'

제10장

폭력적인 악과 사소한 악에 보내는 경고

1절

孟子曰, 自暴者, 不可與有言也, 自棄者, 不可與有爲也, 言非
禮義, 謂之自暴也, 吾身不能居仁由義, 謂之自棄也.

맹자가 말했다. "자신에게 폭력을 가하는 자와는 대화할 수 없다. 자신을
내버려 두는 자와는 어떤 것을 함께 하기가 불가능하다. 대화에서 예와
의를 부정하는 것은 자신에게 폭력을 가하는 것이다. [말하자면] '[나는]
인의 집에 머물 수 없고 의의 길을 따를 수 없다'라고 하는 것은 자신을
방기하는 것이다.

1절 각주

자포자(自暴者)는 '자신에게 잔인한 자들' 즉 자신의 본성을 부정하고 이
에 반하여 행동하는 자들을 의미한다. 비(非)는 동사로 '절연하다' '비난하
다' 이다. 여유언(與有言)과 유위(有爲)는 각각 '대화(말)를 나누다', '그들과
함께 행동을 하다'이다.

CHAPTER XIII

CH. 13. THE INFLUENCE OF GOVERNMENT LIKE THAT OF KING WAN.

1. Mencius said, 'Po-Î, that he might avoid Châ'u, was dwelling on the coast of the northern sea. When he heard of the rise of king Wăn, he roused himself, and said, "Why should I not go and follow him? I have heard that the chief of the West knows well how to nourish the old." T'âi-kung, that he might avoid Châu, was dwelling on the coast of the eastern sea. When he heard of the rise of king Wăn, he roused himself, and said, "Why should I not go and follow him? I have heard that the chief of the West knows well how to nourish the old."

제13장

문왕의 통치가 미치는 영향력을 논한다.

1절

孟子曰, 伯夷辟紂, 居北海之濱, 聞文王作, 興曰盍歸乎來, 吾
聞西伯善養老者, 太公辟紂, 居東海之濱, 聞文王作, 興曰盍歸
乎來, 吾聞西伯善養老者.

맹자가 말했다. "백이는 주왕을 피하고자 북쪽 해안가에 머물고 있었다.
그가 문왕의 봉기에 대해 들었을 때 흥이 나서 말하길, '가서 그를 따르지
않을 이유가 무엇이겠는가? 나는 서쪽의 수장이 노인을 봉양하는 법을 잘
안다고 들었다'라고 했다. 태공이 주왕을 피하고자 동쪽 해안가에 머물고
있었다. 문왕의 봉기에 대해 들었을 때 그는 흥이 나서 말하길, '가서 그
를 따르지 않을 이유가 무엇이겠는가? 나는 서쪽의 수장이 노인을 봉양하
는 법을 잘 안다고 들었다'라고 했다.

1. Po-î,—see Analects, V. xxii, *et al*. T'âe-kung was Lü Shang (呂尚), a great counselor of the kings, Wăn and Wû. He was descended from one of Yü's assistants in the regulation of the waters, and on his first rencontre with king Wăn, when he appeared to be only a fisherman, Wăn said 吾太公望子久矣, 'My grandfather looked for you long ago.' This led to his being styled 太公望, or 'Grandfather Hope.' See the 'Historical Records,' Bk. XXXII, 齊太公世家, at the beginning. Though Po-î and T'âe-kung were led in the same way to follow king Wăn, their subsequent courses were very different. 辟=避. Wăn was appointed by Châu chief or baron (伯), his viceroy in the West, to be leader of all the princes in that part of the kingdom. The commentators say this is referred to in 文王作. I should rather interpret 作 of Wăn's 'movements,' style of administration. With 善養老者, compare the account of king Wăn's government in Bk. I. Pt. II. v. 3. 盍歸乎來=盍歸來乎. Still the 來 is somewhat embarrassing.

1절 각주

백이는 『논어』 제5권 제22장 등을 참조하라. 태공은 여상(呂尙)으로 문왕과 무왕의 대고문관이었다. 태공은 우임금을 도와 치수를 관리했던 신하의 후손이었다. 처음 문왕을 만났을 때 그의 옷차림이 어부와 같아서 문왕은 오태공망자구의(吾太公望子久矣), 즉 '나의 조부님은 오래전에 당신을 찾았습니다'라고 말했다. 이로 인해 그의 자는 태공망(太公望) 즉 '조부의 소망'으로 불린다. 『사기』 제32권 「제태공세가」(齊太公世家)의 시작 부분을 보라. 백이와 태공이 문왕을 따르는 방식은 동일했지만 그 이후의 과정은 다르다. 벽(辟)은 피(避)이다. 주왕이 문왕을 수장 또는 백(伯)으로 임명하였고 문왕은 왕국의 서쪽 지역의 모든 제후를 이끌었다. 주석가들은 이것이 문왕작(文王作)에 언급되어 있다고 말한다. 나는 차라리 작(作)을 문왕의 '움직임' 즉 통치 방식으로 해석하고 싶다. 선양노자(善養老者)는 문왕의 정치 이야기인 제1권 제2편 제5장 제3절과 비교하라. 합귀호래(盍歸乎來)는 합귀래호(盍歸來乎)인데, 여기서 래(來)는 약간 당혹스럽다.

2. 'Those two old men were the greatest old men of the kingdom. When they came to follow king Wan, it was the fathers of the kingdom coming to follow him. When the fathers of the kingdom joined him, how could the sons go *to any other*?

2. I like the expansion of this paragraph in the 日講:—'Moreover, these two old men were not ordinary men. Distinguished alike by age and virtue, they were the greatest old men of the kingdom. Fit to be so named, the hopes of all looked to them, and the hearts of all were bound to them. All looked up to them as fathers, and felt as their children, so that when they were moved by the government of king Wăn, and came from the coasts of the sea to him, how could the children leave their fathers and go to any others?'

2절

二老者, 天下之大老也而歸之, 是天下之父歸之也, 天下之父歸之, 其子焉往.

저 두 노인은 왕국의 가장 위대한 노인이었다. 그들이 문왕을 따르고자 왔을 때, 이것은 왕국의 아버지들이 문왕을 따르고자 온 것이었다. 왕국의 아버지들이 문왕과 함께할 때, 그 아들들이 어떻게 [다른 이에게] 갈 수 있겠는가?

2절 각주

『일강』(日講)에서는 이 절을 다음과 같이 적절하게 확대하였다. '게다가 이 두 노인은 평범한 사람이 아니었다. 연령과 미덕이 모두 동일하게 높은 두 사람은 천하의 가장 위대한 노인들이었다. 그 이름의 적절성이 말해주듯이, 모든 이의 희망은 그들을 바라보는 것이고 모두의 마음은 그들과 함께 묶여 있었다. 모든 이들은 두 사람을 아버지로 우러러보았고 그들의 아들처럼 느꼈다. 그래서 두 사람이 문왕의 정치에 마음이 움직여 해변에서 나와 문왕에게 갔을 때, 어떻게 아들이 아버지를 떠나서 다른 이들에게 갈 수 있겠는가?'

3. 'Were any of the princes to practise the government of king Wan, within seven years he would be sure to be giving laws to the kingdom.'

3. 爲政,—as in chap. vii. 4. Compare Analects, XIII. x~xii, Confucius thinks he could have accomplished a similar result in shorter time.

3절

諸侯有行文王之政者, 七年之內, 必爲政於天下矣.

문왕의 정치를 실천하는 제후가 있으면 틀림없이 7년 이내에 왕국에 법을
제시하는 왕이 될 것이다."

3절 각주

위정(爲政)은 제7장 제4절과 같다. 『논어』 제13권 제10~12장과 비교해 보
라. 『논어』에서 공자는 유사한 결과를 더 짧은 시간에 이룰 수 있다고 생
각한다.

CHAPTER XIV

CH. 14. AGAINST THE MINISTERS OF HIS TIME WHO PURSUED THEIR WARLIKE AND OTHER SCHEMES, REGARDLESS OF THE HAPPINESS OF THE PEOPLE.

1. Mencius said, 'Ch'iû acted as chief officer to the head of the Chî family, whose *evil* ways he was unable to change, while he exacted from the people double the grain formerly paid. Confucius said, "He is no disciple of mine. Little children, beat the drum and assail him."

1. See Analects, XI. xvi. Here is a plain instance of 德 used in a bad sense.

제14장

맹자는 전쟁 음모에만 치중하고 백성의 행복을 고려하지 않는 당대의 신하들을 비판한다.

1절

孟子曰, 求也爲季氏宰, 無能改於其德, 而賦粟倍他日, 孔子曰, 求非我徒也, 小子鳴鼓而攻之可也.

맹자가 말했다. "구는 계씨 가문장의 최고 관리가 되었지만, 그 가문의 [사악한] 방식을 바꾸지 못하고 오히려 백성들에게서 예전보다 두 배 많은 곡식을 거두어 들였다. 공자가 말하길, '그는 나의 제자가 아니다. 제자들아, 북을 울리고 그를 공격하라'라고 했다.

1절 각주
『논어』 제11권 제16장을 보라. 덕(德)이 바르게 사용되지 않았을 때의 예를 명확하게 보여준다.

2. 'Looking at the subject from this case, *we perceive that* when a prince was not practising benevolent government, all his ministers who enriched him were rejected by Confucius:―how much more would he have rejected those who are vehement to fight for their prince! When contentions about territory are the ground on which they fight, they slaughter men till the fields are filled with them. When some struggle for a city is the ground on which they fight, they slaughter men till the city is filled with them. This is what is called "leading on the land to devour human flesh." Death is not enough for such a crime.

2. 爲之强戰, 爲, in 4th tone. 强 I take as in the 3rd tone, and phrase 强戰 after the analogy of 强酒, chap. iii. 4. Chû Hsî and others take 强 in the 2nd tone, and make the phrase='who fight trusting in the powerfulness of weapons and strength(恃兵力之强而戰).' The proposed interpretation seems much preferable. With the whole phrase compare 爲 之聚歛, Analects, XI. xvi. The force of the 爲之, it seems to me, must be to make the whole equal to the rendering of Noel, which Julien condemns―'*qui suum principem ad arma adstimulant.*' To be strong to fight for his prince, is a minister's duty. But to encourage a warlike spirit in him is injurious to the country. 罪不容於死=其罪大, 死刑不足 以容之, 'his crime is so great that even capital punishment is not sufficient to contain it.'

2절

由此觀之, 君不行仁政而富之, 皆棄於孔子者也, 況於爲之强戰, 爭地以戰, 殺人盈野, 爭城以戰, 殺人盈城, 此所謂率土地而食人肉, 罪不容於死.

이 사례의 신하에서 볼 수 있듯이, 공자는 제후가 어진 정치를 행하지 않을 때 제후를 부유하게 하는 모든 [신하들]을 거부했다는 것을 [우리는 알수 있다.] 그러므로 공자가 그들의 [제후들]을 위해서 격렬하게 싸우는 신하들을 [얼마나 거부했겠는가!] 싸움의 원인이 영토 다툼일 때 벌판은 그들이 학살한 사람들로 가득 찬다. 싸우는 원인이 도시일 때 도시는 그들이 학살한 사람들로 가득 찬다. 이것이 소위 말하는, '땅을 끌어와 인육을 먹게 하는 것이다'이다. 그와 같은 범죄는 죽음으로도 갚을 수 없다.

2절 각주

위지강전(爲之强戰)에서 위(爲)는 4성조이다. 나는 강(强)을 4성조로 해석하고, 강전(强戰)을 제3장 제4절의 강주(强酒)와 유사한 것으로 본다. 주희와 다른 주석가들은 강(强)을 2성조로 해석하고 강전(强戰)을 '무기와 힘의 강력함을 신뢰하며 싸우는 자(恃兵力之强而戰)'로 해석한다. 나의 번역이 더 나은 해석인 것 같다. '위지강전'을 『논어』 제11권 제16장의 위지취렴(爲之聚斂)과 비교하라. 위지(爲之)의 힘 때문에 나의 번역이 노엘의 해석과 동일하게 되었다. 줄리앙은 이러한 해석을 비판하여 [군주를 자극하여 전쟁으로 이끌다]라고 했다. 신하가 힘이 강하여 그의 제후를 위해 싸우는 것은 의무이다. 그러나 제후에게 전쟁을 좋아하도록 부추기는 것은 그 나라에 해가 된다. 죄불용어사(罪不容於死)는 '기죄대, 사형부족이용지(其罪大, 死刑不足以容之),' 즉 '그의 범죄는 너무도 커서 사형으로도 그 대가를 충분히 치를 수 없다'이다.

CHAPTER XVII

CH. 17. HELP—EFFECTUAL HELP—CAN BE GIVEN TO THE WORLD ONLY IN HARMONY WITH RIGHT AND PROPRIETY.

1. Shun-yü K'wǎn said, 'Is it the rule that males and females shall not allow their hands to touch in giving or receiving anything?' Mencius replied, 'It is the rule.' *K'wǎn* asked, 'If a man's sister-in-law be drowning, shall he rescue her with his hand?' Mencius said, 'He who would not so rescue the drowning woman is a wolf. For males and females not to allow their hands to touch in giving and receiving is the *general* rule; when a sister-in-law is drowning, to rescue her with the hand is a peculiar exigency.'

1. Shun-yü K'wǎn was a native of Ch'î, a famous sophist, and otherwise a man of note in his day; see the 'Historical Records,' Bk. CXXVI, 列傳, lxvi. He here tries to entrap Mencius into a confession that he did not well in maintaining his dignity of reserve. For the rule of propriety referred to, see the Lî Chî, I, Sect. I. iii, 31. 不親=手相親接. 權,—see Analects, IX. xxix; XVIII. viii.—豺狼 may be taken together as = 'a wolf.' The names belong to different animals of the same species. See on Bk. VI. Pt. I. xiv. 4.

제17장

의와 예가 조화를 이룰 때만이 세상에 도움을 효과적으로 줄 수 있다.

1절

淳于髡曰, 男女授受不親禮與, 孟子曰, 禮也, 曰, 嫂溺則援之以手
乎. 曰, 嫂溺不援, 是豺狼也, 男女授受不親, 禮也, 嫂溺援之以手
者, 權也.

순우곤이 말했다. "남자와 여자가 어떤 것을 주거나 받을 때 손을 건드리지
않는 것이 법입니까?" 맹자가 대답했다. "그렇다." 순우곤이 물었다. "처형이
익사할 것 같으면 남자는 손으로 처형을 구해야 합니까?" 맹자가 대답했다.
"물에 빠진 여자를 구하지 않는 자는 늑대이다. 남자와 여자가 주고받을 때
손을 건드리지 않는 것이 [일반적인] 법이다. 처형이 물에 빠졌을 때 손으로
처형을 구하는 것은 흔치 않은 긴급사태이다."

1절 각주

순우곤(淳于髡)은 제나라 사람으로 유명한 궤변론자이지만 당대에 주목을
받았다. 『사기』 제126권 「열전」 제66장을 보라.10) 여기서 순우곤은 맹자가
자제력이 없음을 드러내도록 미끼를 던진다. 언급된 예법은 『예기』 「곡례
(曲禮)」상 제3장 제31절을 보라. 불친(不親)은 불이수상친접(不以手相親
接), 즉 '손으로 직접 잡지 않는다'이다. 권(權)은 『논어』 제9권 제29장과
제18권 제8장을 보라. 시랑(豺狼)은 두 글자가 같이 쓰여 '늑대'를 의미한
다. 시랑, 즉 승냥이와 이리는 같은 종의 다른 동물이다.

---

10) (역주) 『사기』 제126권은 「골계열전」으로 여기에는 순우곤의 골계와 궤변을 다룬
여러 일화가 포함되어 있다.

2. *K'wăn* said, 'The whole kingdom is drowning. How strange it is that you will not rescue it!'

2. 夫子 is complimentary, as K'wăn was not a disciple of Mencius.

3. *Mencius* answered, 'A drowning kingdom must be rescued with right principles, as a drowning sister-in-law has to be rescued with the hand. Do you wish me to rescue the kingdom with my hand?'

3. Chû Hsî expands here:—'The drowning kingdom can be rescued only by right principles;—the case is different from that of a drowning sister-in-law who can be rescued by the hand. Now, you, wishing to rescue the kingdom, would have me, in violation of right principles, seek alliance with the princes, and so begin by losing the means wherewith to rescue it. Do you wish to make me save the kingdom with my hand?' I do not see the point of the last question.

2절

曰, 今天下溺矣, 夫子之不援, 何也.

[순우곤이] 말했다. "천하가 물에 빠지고 있습니다. 선생께서 나라를 구하려고 하지 않다니 참으로 이상합니다."

2절 각주

제자도 아닌 순우곤이 맹자를 부자(夫子)라고 한 것은 경의를 표하기 위해서이다.

3절

曰, 天下溺, 援之以道, 嫂溺, 援之以手, 子欲手援天下乎.

[맹자가] 말했다. "물에 빠진 처형을 손으로 구해야 하듯이 물에 빠진 천하를 올바른 원리로 구해야 한다. 그대는 내가 나의 손으로 천하를 구하기를 원하느냐?"

3절 각주

주희는 이 부분을 확대한다. '올바른 원리만이 물에 빠진 천하를 구할 수 있다. 이것은 물에 빠진 처형을 손으로 구하는 것과는 다른 경우이다. 지금 너는 천하를 구하고 싶어 한다. 그래서 내가 올바른 원리에서 벗어나 제후와의 결탁을 추구하여 처음부터 천하를 구할 방법을 놓쳤기를 원하는구나. 너는 내가 나의 손으로 천하를 구하게 하고 싶으냐?' 나는 이 마지막 질문의 요지를 잘 모르겠다.

CHAPTER XVIII

CH. 18. HOW A FATHER MAY NOT HIMSELF TEACH HIS SON.

1. Kung-sun Ch'âu said, 'Why is it that the superior man does not *himself* teach his son?'

1. This proposition is not to be taken in all its generality. Confucius taught his son, and so did other famous men their sons. We are to understand the first clause of the second paragraph,一勢不行也, as referring to the case of a stupid or perverse child. As to what is said in the 3rd paragraph of the custom of the ancients, I have seen no other proof adduced of it.

제18장

아버지는 아들을 가르칠 수 없다.

1절
公孫丑曰, 君子之不敎子, 何也.

공손추가 물었다. "군자는 어째서 [직접] 자기 아들을 가르치지 않습니까?"

1절 각주
이 가정을 모든 사람에게 적용해서는 안 된다. 공자는 아들을 가르쳤고 다른 유명한 이들도 아들을 가르쳤다. 우리는 제2절의 첫 번째 구절인 '세불행야(勢不行也)'를 어리석거나 삐딱한 자식을 가르치는 것으로 보아야 한다. 제3절은 옛사람들의 관례를 가리키는데 이를 증명할 다른 증거를 찾지 못했다.

2. Mencius replied, 'The circumstances of the case forbid its being done. The teacher must inculcate what is correct. When he inculcates what is correct, and his lessons are not practised, he follows them up with being angry. When he follows them up with being angry, then, contrary to what should be, he is offended with his son. *At the same time, the pupil says*, 'My master inculcates on me what is correct, and he himself does not proceed in a correct path." The result of this is, that father and son are offended with each other. When father and son come to be offended with each other, the case is evil.

2. 反,—'contrary,' i. e. to the affection which should rule between father and son. 夷,—in the sense of 傷, which, however, we must take passively; not 'to wound,' but 'to be wounded,' that is, to be offended. We might take it actively in the first instance;—'contrary to what should be. he wounds—i. e. beats—his son.' But below, in 父子相夷, we cannot give it such an active signification as to suppose that the son will proceed to beat his father. 傷 may well be taken passively, as in the common saying, 眼見心傷. 夫子敎我, 云云,—this is to be understood as the resentful murmuring of the son, whose feeling is strongly indicated by the use of 夫子, 'my master,' as applied to his father.

2절

孟子曰, 勢不行也, 教者必以正, 以正不行, 繼之以怒, 繼之以
怒, 則反夷矣, 夫子教我以正, 夫子未出於正也, 則是父子相夷
也, 父子相夷, 則惡矣.

맹자가 대답했다. "상황이 그렇게 하는 것을 금한다. 선생은 올바른 것을
가르쳐야 한다. 선생이 올바른 것을 가르쳤지만 가르침이 행해지지 않을
때, 선생은 화를 내며 마무리한다. 선생이 화를 내며 마무리할 때 의도한
것과 반대로 아들의 마음이 상한다. [동시에, 학생이 말하길,] '나의 스승
은 나에게 바른 것을 가르치지만 그 자신은 올바른 길로 나아가지 않는
다'라고 한다. 이러한 결과 아버지와 아들이 서로 마음이 상한다. 아버지
와 아들이 서로 마음이 상하게 되는 경우는 나쁜 것이다.

2절 각주

반(反)은 '반대로' 즉 아버지와 아들의 관계를 지배해야 하는 애정과는 '반
대로'를 뜻한다. 이(夷)는 상(傷)의 의미이지만 우리는 이 단어를 '상처를
입히는 것'이 아닌 수동형인 '상처를 입는 것' 즉 마음이 상하는 것으로
해석해야 한다. 첫 번째 예에서는 능동형으로 해석하여 '그래야 하는 것과
반대로 그는 아들에게 상처를 입힌다, 즉 때린다'로 볼 수 있다. 그러나
부자상이(父子相夷)에서 능동형이며 아들이 아버지를 때리는 것이 되어
이상한 해석이 된다. 상(傷)은 일반적으로 말하는 안견심상(眼見心傷)에서
처럼 수동으로 해석하는 것이 옳다. '부자교아 운운(夫子教我, 云云)'은 아
들이 분개해서 하는 혼잣말로 보아야 한다. 아들의 감정은 아버지를 부자
(夫子) 즉 '스승'으로 칭하는 것에서 강하게 드러난다.

3. 'The ancients exchanged sons, and one taught the son of another.

3. The commentators all say, that this only means that the ancients sent out their sons to be taught away from home by masters. But this is explaining away the 易.

4. 'Between father and son, there should be no reproving admonitions to what is good. Such reproofs lead to alienation, and than alienation there is nothing more inauspicious.'

4. 責善=以善責之使行, 'laying what is good on them, and causing them to do it.'

3절

古者, 易子而教之.

옛사람들은 아들을 서로 바꾸어 다른 이의 아들을 가르쳤다.

3절 각주

모든 주석가들은 '옛사람들은 아들이 집에서 멀리 떨어진 곳의 스승에게 배우도록 보냈다'로만 해석한다. 그러나 이러한 해석은 역(易)을 제대로 설명하지 못한다.

4절

父子之間, 不責善, 責善則離, 離則不祥, 莫大焉.

아버지와 아들 사이에는 올바른 것을 하도록 비난하는 일이 있어서는 안 된다. 그렇게 비난하면 서로 멀어지게 되고 서로 멀어지는 것보다 불길한 것도 없다."

4절 각주

책선(責善)은 이선책지사행(以善責之使行), 즉 '그들에게 올바른 것을 부가하여 하도록 만들다'이다.

CHAPTER XIX

CH. 19. THE RIGHT MANNER OF SERVING PARENTS, AND THE IMPORTANCE OF WATCHING OVER ONE'S SELF, IN ORDER TO DO SO.

1. Mencius said, 'Of services, which is the greatest? The service of parents is the greatest. Of charges, which is the greatest ? The charge of one's self is the greatest. That those who do not fail to keep themselves are able to serve their parents is what I have heard. But I have never heard of any, who, having failed to keep themselves, were able *notwithstanding* to serve their parents.

1. 事孰爲大－literally, 'of services－i. e. duties of service which a man has to pay to others－which is great?' 守,－charges, what a man has to guard and keep. The keeping one's self is from all that is contrary to righteousness.

제19장

부모를 섬기는 올바른 방식과 이를 위한 자기 성찰의 중요성을 논하다.

1절

孟子曰, 事孰爲大, 事親爲大, 守孰爲大, 守身爲大, 不失其身
而能事其親者, 吾聞之矣, 失其身而能事其親者, 吾未之聞也.

맹자가 말했다. "섬김에서 어떤 섬김이 가장 중요한가? 부모를 섬기는 것
이 가장 중요하다. 책임에서 어떤 책임이 가장 중요한가? 자신을 책임지는
것이 가장 중요하다. 자신을 살피는 이는 부모를 섬길 수 있다고 나는 들
었다. 그러나 자신을 지키지 못하면서 [그럼에도] 부모를 섬길 수 있는 자
에 대해서는 들은 바가 없다.

1절 각주

사숙위대(事孰爲大)는 문자 그대로 '섬김에서, 즉 사람이 다른 이들에게
해야 하는 의무에서 어떤 의무가 가장 중요한가?'이다. 수(守)는 책임으로
사람이 지키고 살피는 것이다. 스스로를 지킨다는 것은 의에 상반되는 모
든 것으로부터 자신을 지키는 것이다.

1. 適,—read *chih*, =謫, 'to reprehend.' 間,—*chien*, in 4th tone. 人 and 政 are to be taken as in the objective governed by 適 and 間 and 不足 as used impersonally. 與=與君, 'with the sovereign.' Châo Ch'î introduces 與 before 間 as well. He seems to interpret differently, from the translation, making 人(=小人, 'little men') the subject of 不足:—'little men are not fit to remonstrate with their sovereign.' This is plainly wrong, because we cannot carry it on to the next clause. 格=正, 'to correct.'—The sentiment of the chapter is illustrated by an incident related of Mencius by the philosopher 荀(about 250 B.C.):—'As Mencius thrice visited Ch'î, without speaking to the king about the errors of his government, his disciples were surprised, but he simply said, '*I must first correct his evil heart.*'

20장 각주

적(適)은 [적]으로 읽히고 적(謫), 즉 '비난하다'와 같다. 간(間)은 [간'으로 읽히고 4성조이다. 인(人)과 정(政)은 적(適)과 간(間)의 목적어로 이해해야 한다. 부족(不足)은 특정인을 가리키는 것이 아니다. 여(與)는 여군(與君)으로 '군주와 함께'이다. 조기 또한 간(間) 앞에 여(與)를 도입하였다. 그러나 조기는 나의 번역과 다르게 해석했다. 그는 人(=小人)을 부족(不足)의 주어로 보고 '소인은 군주를 비판하기에 적합하지 않다'로 해석했다. 이렇게 해석하면 다음 부분과 이어지지 않기 때문에 조기의 해석은 명백하게 잘못되었다. 격(格)은 정(正), '바르게 하다'이다. 이 장의 취지는 순자(荀子, 약 기원전 250년)가 맹자에 대해 전한 일화에서 잘 드러난다. '맹자가 제나라를 세 번 방문했지만, 제나라 왕의 잘못에 대해 말하지 않아 제자들이 놀랐다. 그때 맹자는 [나는 그의 잘못된 마음을 먼저 바르게 해야 한다]라고만 말했다.'

CHAPTER XXI

CH. 21. PRAISE AND BLAME ARE NOT ALWAYS ACCORDING TO DESERT.

Mencius said, 'There are cases of praise which could not be expected, and of reproach when the parties have been seeking to be perfect.'

虞,—in the sense of 度, 'to calculate,' 'to measure.' For 毀 in the sense here, 譭 is often used in modern language.

제21장

칭찬과 비판이 항상 합당한 것은 아니다.

孟子曰, 有不虞之譽, 有求全之毁.

맹자가 말했다. "예상하지 못한 칭찬을 받는 때도 있고 당사자가 완벽을 추구하는 과정에서 비난받는 때도 있다."

21장 각주

우(虞)는 탁(度)의 의미로 '계산하다' '측정하다'이다. 훼(毁)가 비난받는다는 의미일 때 현대어에서는 훼(毁) 대신 때로 훼(譏)가 사용된다.

CHAPTER XXII

CH. 22. THE BENEFIT OF REPROOF.

Mencius said, 'Men's being ready with their tongues arises simply from their not having been reproved.'

易,—read *i*, in 4th tone, 'easy.' Chû Hsî supposes that this remark was spoken with some particular reference. This would account for the 耳矣, 'simply.'

제22장

질책의 장점을 논한다.

孟子曰, 人之易其言也, 無責耳矣.

맹자가 말했다. "사람들이 말을 함부로 하는 것은 단지 질책을 받은 적이 없어서이다."

22장 각주

역(易)은 '이'로 읽히고 4성조로 '쉽다'이다. 주희는 이 발언이 어떤 특정한 사례를 겨냥한 것으로 추정한다. 그러면 이의(耳矣), '단지'가 설명이 된다.

CHAPTER XXIII

CH. 23. BE NOT MANY MASTERS.

Mencius said, 'The evil of men is that they like to be teachers of others.'

Commentators suppose that Mencius's lesson was that such a liking indicated a self-sufficiency which put an end to self-improvement.

제23장

여러 사람의 스승이 되지 마라.

孟子曰, 人之患, 在好爲人師.

맹자가 말했다. "사람의 악은 남들의 선생이 되기를 좋아하는 것에 있다."

23장 각주
주석가들은 맹자의 교훈에는 남의 스승이 되기를 좋아하면 자기만족에 빠져 자기 계발을 멈출 수 있음을 경계하는 암시가 있다고 추정한다.

CHAPTER XXIV

CH. 24. How MENCIUS REPROVED YO-CHANG FOR ASSOCIATING WITH AN UNWORTHY PERSON, AND BEING REMISS IN WAITING ON HIMSELF.

1. The disciple Yo-chăng went in the train of Tsze-âo to Ch'î.

1. Yo-chăng,─see Bk. I. Pt. II. xvi. 2. Tsze-âo was the designation of Wang Hwan, mentioned in Bk. II. Pt. II. vi. From that chapter we may understand that Mencius would not be pleased with one of his disciples associating with such a person. 之,─the verb, =往.

제24장

맹자는 악정자가 부도덕한 사람과 어울리고 자신을 살피는 일에 게으르다고 질책했다.

1절
樂正子從於子敖之齊.

악정자가 자오를 따라 제나라에 갔다.

1절 각주
악정자(樂正子)는 제1권 제2편 제16장 제2절을 보라. 자오(子敖)는 제2권 제2편 제6장에 언급된 왕환(王驩)을 가리키는데 여기에서부터 맹자는 제자가 그런 사람과 어울리는 것을 좋아하지 않았다는 것을 알 수 있다. 지(之)는 동사로 왕(往)이다.

2. He came to see Mencius, who said to him, 'Are you also come to see me?' Yo-chăng replied, 'Master, why do you speak such words?' 'How many days have you been here?' asked Mencius. 'I came yesterday.' 'Yesterday! Is it not with reason then that I thus speak?' 'My lodging-house was not arranged.' 'Have you heard that a scholar's lodging-house must be arranged before he visit his elder?'

2. The name is repeated at the beginning of this paragraph, the former being narrative, and introductory merely. 亦來,—the 亦, 'also' is directed against Tsze-âo. Chû Hsî explains 昔者 by 前日, which, in common parlance, means 'the day before yesterday.' But I do not see that it should have that meaning here. 昔 properly means 'formerly,' and may extend to the remotest antiquity. It is used also for yesterday, the time separated from the present by one rest 一息, as if the same sound of the two characters(昔息) determined the meaning. 長(in 3rd tone)者 is used before by Mencius of himself—Bk. II. Pt. II. xi. 4.

3. Yo-chăng said, 'I have done wrong.'

2절

樂正子見孟子. 孟子曰, 子亦來見我乎. 曰, 先生何爲出此言也. 曰, 子來幾日矣. 曰, 昔者. 曰, 昔者, 則我出此言也, 不亦宜乎. 曰, 舍館未定. 曰, 子聞之也, 舍館定然後, 求見長者乎.

악정자가 맹자를 만나러 오자 맹자가 말했다. "너도 나를 보러 왔느냐?" 악정자가 대답했다. "선생님, 왜 그런 말씀을 하십니까?" 맹자가 말했다. "여기에 며칠 있었느냐?" "어제 왔습니다." "어제라! 그럼 내가 이렇게 말하는 이유가 있지 않겠느냐?" "저의 숙소가 정리되지 않았기 때문입니다." "[학자의] 숙소를 어른을 방문하기 전에 반드시 정리해야 한다고 하더냐?"

2절 각주

이 절의 앞부분에서 악정자의 이름이 반복된다. 전자는 단지 도입하는 서술이다. 역래(亦來)의 역(亦)은 '또한'으로 자오를 겨냥한 것이다. 주희는 석자(昔者)를 전일(前日)로 설명한다. 일반 어법에서 이는 '그저께'를 의미한다. 그러나 이 단어가 여기서 그저께를 의미한다고 보지 않는다. 석(昔)은 본래 '이전'을 의미하고 아주 먼 옛날로 확대될 수도 있다. 하나의 휴식 즉 일식(一息)으로, 현재와 분리된 시간인 어제의 의미로도 사용된다. 마치 두 글자 석식(昔息)의 동일한 소리가 그 의미를 결정하는 것과 같다. 장자(長[3성조]者)는 제2권 제2편 제11장 제4절에서 맹자가 자기 자신을 가리키는 것으로 사용된다.

3절

曰, 克有罪.

[악정자가] 말했다. "제가 잘못했습니다."

1. 實 is sometimes opposed to 虛, 'what is solid to what is empty, shadowy;' sometimes to 名, 'what is real to what is nominal;' and sometimes to 華, 'what is substantial to what is ornamental,' 'fruit to flower.' In the text, it is used in the last way, and I cannot express it better than by the 'richest fruit.' 是也 is emphatic;—'the fruit of benevolence is the service of parents; it is.' So in the other instances. Benevolence, righteousness, &c., are the principles of those, the capabilities of them in human nature, which may have endless manifestations, but are chiefly and primarily to be seen in the two virtues spoken of.—What strikes us as strange is the subject of music. The difficulty has not escaped native commentators. The author of the 集註本義匯參 says, in loc.:—'Benevolence, righteousness, propriety, and knowledge are the four virtues, but this chapter proceeds to speak of music. For the principles of music are really a branch of propriety, and when the ordering and adorning which belong to that are perfect, then harmony and pleasure spring up as a matter of course. In this way we have propriety mentioned first, and then music. Moreover, the fervency of benevolence, the exactness of righteousness, the clearness of knowledge, and the firmness of maintenance, must all have their depth manifested in music. If the chapter had not spoken of music, we should not have seen the whole amount of achievement.' The reader may try to conceive the exact meaning of this writer, who also points out another peculiarity in the chapter, which many have overlooked. Instead of 是也 after 樂斯二者, as at the end of the other clauses, we have 樂則生矣, 云云, 'showing,' says he, 'most vividly how his admiration was stirred. It is as if from every sentence there floated up a 是也 upon the paper, so true is it that perfect filial piety and fraternal duty reach to spiritual beings, and shed a light over the world, and then do we know that in the greatest music there is a harmony with heaven and earth.'

1절 각주

실(實)은 허(虛) 즉 텅 빈 것과 얄팍한 것과 반대되는 단단한 것, 명(名) 즉 명목상의 것과 반대되는 실제인 것, 화(華) 즉 장식적인 것과 반대되는 실질적인 것, '꽃의 열매'를 의미한다. 본문에서 실(實)은 꽃의 열매로 사용되었고, '가장 큰 열매'보다 더 나은 표현을 찾기 어렵다. 시야(是也)는 강조의 말로 '인의 열매는 부모를 섬기는 바로 그것이다'라는 의미이다. 다른 예들도 그러하다. 인과 의는 여러 예들의 원리이다. 인간의 본성에 있는 능력들이 수많은 방식으로 드러날 수 있지만 가장 중요하게 드러나는 방식은 인과 의라는 두 덕목을 통해서이다. 우리에게 낯선 것은 음악이라는 주제이다. 중국의 주석가들도 이 어려움을 피해가지 못했다. 『집주본의회참』(集註本義匯參)11)의 저자는 다음과 같이 말했다. "인과 의 그리고 예와 지는 4덕이지만, 이 장은 음악도 다룬다. 음악의 도는 예의 한 갈래이기 때문에 음악에 수반되는 정열과 장식이 완벽할 때 조화와 기쁨이 당연히 솟아오른다. 이런 식으로 우리는 앞에서 언급된 예(propriety)를 보게 되고 그 다음 음악을 보게 된다. 게다가 인의 열망과 의의 정확함 그리고 지의 명쾌함과 예의 확고함은 모두 그 깊이가 음악으로 표명되는 것이 틀림없다. 이 장이 음악에 대해 말하지 않았다면 우리는 전체 업적의 범위를 알지 못했을 것이다." 독자는 이 저자의 정확한 의미를 생각하려고 노력해 볼 수 있다. 이 저자 또한 그 장의 특이함을 지적했는데 많은 사람들이 이 부분을 간과했다. 본문에서 다른 어구의 끝과 마찬가지로 낙사이자(樂斯二者) 뒤에 시야(是也)가 오지 않고 대신 '낙즉생의, 운운(樂則生矣, 云云)'이 이어진다. 이 구성에 대해 『집주본이회참』의 저자는 '그의 감탄이 얼마나 생생하게 유발되는지 보여주는 것이고 모든 문장에서 시야(是也)가 종이 위에 둥둥 떠다니는 것처럼 보이고 그것은 매우 진실이라 완벽한 효와 형제의 의무는 영적인 존재에 이르고, 세상에 빛을 비추고, 그다음 우리는 가장 위대한 음악에서 하늘과 땅의 조화를 안다.'라고 말한다.

---

11) 『맹자집주본의회참』(孟子集註本義匯參)을 말하는데, 청나라 왕보청(王步青, 1672~1751)이 집일했다. 총 14권으로 되었다. 왕보청은 청나라 초기의 학자로, 자가 한계(漢階) 또는 한계(罕階), 호가 이산(巳山)이다. 강소성 금단(金壇) 사람이며, 옹정(雍正) 연간에 진사가 되었고, 검토(檢討)직을 제수 받았으나 벼슬길에 나가지 않았다. 유양서원(維揚書院)에서 강학하였고, 팔고문(八股文)에 뛰어났다. 『사서본의회참』(四書本義匯參)을 저술했는데, 『대학』 3권 부록 1권, 『중용』 7권, 부록 1권, 『논어 12권, 『맹자』 14권으로 되었다.

2. 'The richest fruit of wisdom is this,—the knowing those two things, and not departing from them. The richest fruit of propriety is this,—the ordering and adorning those two things. The richest fruit of music is this, —the rejoicing in those two things. When they are rejoiced in, they grow. Growing, how can they be repressed? When they come to this state that they cannot be repressed, then unconsciously the feet begin to dance and the hands to move.'

2. Julien translates 去 by abjicere. To have that meaning, it must have been in the 3rd tone, which it is not. The first 樂 is yo, 'music'; the other two are lo, 'to enjoy.' 不知 is used absolutely,='unconsciously,' though we might make 知 personal also,—'we do not know.' 足之蹈之, —'the feet's stamping it.' So the next clause.

2절

智之實, 知斯二者, 弗去是也, 禮之實, 節文斯二者是也, 樂之實, 樂斯二者, 樂則生矣, 生則惡可已也, 惡可已, 則不知足之蹈之, 手之舞之.

지혜의 가장 큰 열매는 이것이다. 이 두 가지를 알아서 거기에서 벗어나지 않는 것이다. 예(禮)의 가장 큰 열매는 이 두 가지를 정리하고 장식하는 것이다. 음악의 가장 큰 열매는 이 두 가지에서 기뻐하는 것이다. 이두 가지는 즐거울 때 자라난다. 자라는데 이 두 가지가 어떻게 억눌릴 수 있겠는가? 이 두 가지가 억눌릴 수 없는 상태가 되었을 때, 자기도 모르게 발은 춤을 추고 손은 움직이기 시작한다."

2절 각주

줄리앙은 거(去)를 [형용사, abjicere]로 해석한다. 이 의미를 가지려면 거(去)는 3성조이어야 하지만 여기서 去는 3성조가 아니다. 첫 번째 '樂'은 [악], '음악'이고 다른 두 가지 '樂'은 [락]으로 '즐기는 것'이다. 부지(不知)에서 지(知)를 개인적인 것으로 보아 '우리는 모른다'로 해석할 수도 있지만 부지(不知)는 절대적으로(absolutely) 즉 '자기도 모르게(unconciously)'로 사용된다. 족지도지(足之蹈之)는 '발이 무엇을 밟다'이다. 그다음 구절도 마찬가지이다.

CHAPTER XXVIII

CH. 28. How SHUN VALUED AND EXEMPLIFIED FILIAL PIETY.

1. Mencius said, 'Suppose the case of the whole kingdom turning in great delight to an individual to submit to him.—To regard the whole kingdom *thus* turning to him in great delight but as a bundle of grass;—only Shun was capable of this. *He considered* that if one could not get *the hearts of* his parents he could not be considered *a man*, and that if he could not get to an entire accord with his parents, he could not be considered a son.

1. The first sentence is to be taken generally, and not with reference to Shun simply. It is incomplete. The conclusion would be something like— 'this would be accounted the greatest happiness and glory.' 芥 is properly 'the mustard plant,' but it is sometimes, as here, only synonymous with 草. 不得, 云云,—all this is the reasoning of Shun's mind. 不得乎,—like 不獲於, in chap. 16. 不順, 'not to obey,' 'not to accord with,' but Chû Hsî and others labour hard to make it out to mean,—'to bring the parents to accord with what is right, so as to be able then fully to accord with them.'

제28장

순임금이 어떻게 자식으로서의 의무를 소중히 여기고 효의 본보기가 되었는가.

1절
孟子曰, 天下大悅而將歸己, 視天下悅而歸己, 猶草芥也, 惟舜 爲然, 不得乎親, 不可以爲人, 不順乎親, 不可以爲子.

맹자가 말했다. "천하가 크게 기뻐하며 한 사람에게 돌아가서 순종하는 일을 생각해 보라. [이렇게] 천하가 크게 기뻐하며 그에게 돌아가는 것을 초개처럼 생각한 것은 오로지 순임금만이 할 수 있었다. 부모의 [마음]을 얻지 못하면 [사람으로] 간주될 수 없고, 부모의 완전한 동의를 얻지 못한다면 아들로 여겨질 수 없다고 [순임금은 생각했다.]

1절 각주
첫 번째 문장은 일반적인 것으로 받아들여야지 순임금만을 가리키는 것으로 보기 어렵다. 첫 번째 문장의 결론은 '이것은 가장 큰 행복과 영광으로 간주되어야 할 것이다'가 되겠지만 이것만으로는 불완전하다. 개(芥)는 보통은 '겨자나무'이지만 여기에서처럼 때로 단지 '草'의 동의어로 사용되기도 한다. '부득, 운운'(不得, 云云)은 모두 순임금의 마음을 추론한 것이다. 부득호(不得乎)는 12장의 불획어(不獲於)와 같다. 불순(不順)은 '따르지 않는 것' '동의하지 않는 것'이지만 주희와 다른 주석가들은 이를 무리하게 해석하여, '부모님을 바른 것과 일치하도록 이끌고 그 다음 완전히 일치하도록 한다'라고 한다.

2. 'By Shun's completely fulfilling everything by which a parent could be served, Kû-sâu was brought to find delight *in what was good.* When Kû-sâu was brought to find that delight, the whole kingdom was transformed. When Kû-sâu was brought to find that delight, all fathers and sons in the kingdom were established *in their respective duties.* This is called great filial piety.'

2. Shun's father is known by the name of Kû-sâu, but both the characters denote 'blind,' and he was so styled, it is said, because of his mental blindness and opposition to all that was good, 豫, in the sense of 'to be pleased,' 'joyful,' understood here with a moral application. 'All fathers and sons, &c.,'—i. e. all sons were made to see, that, whatever might be the characters of their parents, they had only to imitate Shun, and fathers, even though they might be like Kû-sâu, were shamed to reformation.

2절

舜盡事親之道而瞽瞍底豫, 瞽瞍底豫而天下化, 瞽瞍底豫而天
下之爲父子者定, 此之謂大孝.

순임금은 부모를 봉양할 수 있는 모든 것을 완전히 행하였기에, 고수는
[선한 것에서] 기쁨을 발견하도록 인도되었다. 고수가 기쁨을 알게 되자
천하가 변했다. 고수가 그 기쁨을 발견하도록 인도되었을 때 천하의 모든
아버지와 아들의 [의무]가 세워졌다. 이것이 위대한 효라 불린다."

2절 각주

순임금의 아버지는 고수라는 이름으로 알려져 있다. 그러나 고수(瞽瞍)라
는 두 글자는 '소경'을 의미한다. 고수는 정신적으로 소경이고 선한 모든
것에 대립되기 때문에 고수라는 호칭으로 불리게 되었다고 한다. 예(豫)는
'기쁜' '즐거운'으로 여기서는 도덕적인 의미로 사용된다. '모든 아버지와 아
들 등등'은 다음과 같다. 부모의 사람됨과 상관없이 모든 아들은 순임금을
따라가기만 하면 된다는 것을 깨닫게 되고, 비록 고수와 같을 아버지
라고 할지라도 부끄러워하여 교화될 수 있다.

離婁章句·下

이루장구·하

BOOK IV

LI LAU

PART II

제4권

이루장구(離婁章句)

하(下)

4. '*When we examine* those sages, both the earlier and the later, their principles are found to be the same.'

4. 先聖後聖 is to be understood generally, and not of Shun and Wăn merely. 其揆一, 揆 is taken as a verb =度, 'to reckon,' ' to estimate,' and is understood of the mental exercises of the sages. 其揆,一'their mindings,' the principles which they cherished.

4절

先聖後聖, 其揆一也.

이전 세대의 성인과 이후 세대의 성인을 [살펴볼 때] 그들은 같은 원리를 행한 것을 알 수 있다."

4절 각주

선성후성(先聖後聖)은 순임금과 문왕만을 가리키는 것이 아니라 일반적인 의미로 이해해야 한다. 기규일(其揆一)의 규(揆)는 동사인 탁(度), '부르다' '평가하다'이고 성인들의 정신적인 행위로 이해된다. 기규(其揆)는 '그 마음 씀'으로 즉 그들이 중요하게 생각하는 원리를 말한다.

CHAPTER II.

CH. 2. GOOD GOVERNMENT LIES IN EQUAL MEASURES FOR THE GENERAL GOOD, NOT IN ACTS OF FAVOUR TO INDIVIDUALS.

1. When Tsze-ch'an was chief minister of the State of Chăng, he would convey people across the Chan and Wei in his own carriage.

1. Tsze-ch'an,一see Analects, V. xv. The Chăn and Wei were two rivers of Chăng, said to have their rise in the Mâ-ling (馬領) hills, and to meet at a certain point, after which the common stream seems to have borne the name of both the feeders. They are referred to the department of Ho-nan in Ho-nan province. 聽政,一'was hearing the government,' i. e. was chief minister. 乘, 4th tone. Chû Hsî explains 以其乘輿 by 以其所乘之輿, but 乘 so used is in 2nd tone. He so expands, however, probably from remembering a conversation on Tsze-yû, related in the *Chiâ-yü*, Bk. IV, iv, near the end, and to which Mencius has reference. The sage held that Tsze-ch'an was kind, but only as a mother, loving but not teaching the people, and, in illustration of his view, says that Tsze-ch'an, 以所乘之車濟冬涉, 'used the carriage in which he rode to convey over those who were wading through the water in the winter.

제2장

선정은 보편적인 선을 위해 동등한 정책을 행하는 것이지 개인에게 혜택을 주는 행위가 아니다.

1절
子産聽鄭國之政, 以其乘輿, 濟人於溱洧.

자산이 정나라의 재상으로 있었을 때 수레로 백성들을 진수와 유수로 옮겨주었다.

1절 각주
자산(子産)은 『논어』 제5권 제15장을 보라. 진수(溱水)와 유수(洧水)는 정나라의 두 개의 강으로, 마령산(馬領山)에 그 수원지가 있고 어떤 지점에서 만난다. 그 이후 보통의 강이 두 강의 이름을 가지게 된 것 같다. 두 강은 하남성의 하남에 있다. 청정(聽政)은 '정치를 듣고 있는 것' 즉 재상을 의미한다. 승(乘)은 4성조이다. 주희는 이기승여(以其乘輿)를 이기소승지여(以其所乘之輿)로 해석하지만 그러면 승(乘)이 2성조가 된다. 그럼에도 주희는 아마도 『공자가어』[14]의 제4권 제4장의 끝 부분에서 공자와 자유가 자산을 두고 한 대화와 여기에서의 맹자의 언급을 기억하여 '이기승여'를 확대했다. 공자는 자산은 친절하지만 오로지 자식을 사랑하는 어머니로 친절할 뿐이고 백성들을 가르치지 않는다고 주장했다. 공자는 이를 증명하기 위해, 자산은 이소승지거제동섭(以所乘之車濟冬涉), '그는 자기가 타는 수레를 이용하여 겨울에 물을 건너는 이들을 날랐다'라고 말한다.

---

14) (역주) 『공자가어』(孔子家語) <正論解>에 24번째 기사로 수록되어 있다. 여기에 등장하는 공자와 자유의 자산관련 대화의 내용을 요약하면 다음과 같다. 자유가 공자에게 자산을 은혜로운 사람이라고 칭찬하는 까닭을 물었다. 그러자 공자가 말했다. "자산은 겨울철이 되면 자신이 타고 다니는 수레로 여러 사람들을 태워 강을 건네주고 있다. 이것은 백성들에게 은혜를 베푼 것이다. 그러나 백성들을 사랑할 줄만 알았지 가르칠 줄은 모르는 것이다."

2. Mencius said, 'It was kind, but showed that he did not understand the practice of government.

2. The subject here is the action, not the man. The practice of government is to be seen not in acts of individual kindness and small favours, but in the administration of just and beneficent laws.

3. 'When in the eleventh month of the year the foot-bridges are completed, and the carriage-bridges in the twelfth month, the people have not the trouble of wading.

3. The eleventh and twelfth months here correspond to the ninth and tenth of the present calendar, which follows the Hsiâ division of the year;⎯see Analects, XV. x. Mencius refers to a rule for the repair of the bridges, on the termination of agricultural labours.

2절

孟子曰, 惠而不知爲政.

맹자가 말했다. "그 행위는 친절하지만, 그가 선의 실천을 모른다는 것을 보여주었다.

2절 각주

여기서 주어는 행동이지 사람이 아니다. 통치의 실천은 개인의 친절한 행위에 있는 것이 아니라 공정한 복지법의 집행이라는 알아야한다.

3절

歲十一月, 徒杠成, 十二月, 輿梁成, 民未病涉也.

그해 11월에 걸어서 건널 수 있는 다리가 완공하고 12월에 수레로 건널 수 있는 다리가 완공하면 백성들이 물속을 건너는 수고를 하지 않아도 된다.

3절 각주

본문의 11월과 12월은 하나라의 책력을 따르는 현대 책력으로는 9월과 10월에 해당한다. 『논어』 제15권 제10장을 보라. 맹자는 농사일이 끝날 때 다리를 보수하는 관례를 말한다.

4. 'Let a governor conduct his rule on principles of equal justice, and, when he goes abroad, he may cause people to be removed out of his path. But how can he convey everybody across the rivers?

    4. 君子=爲政者, 'a chief minister.' 辟 read as 闢. Removing people from the way, when the prince went forth, was likewise a rule of the Châu dynasty; and not only did it extend to the prince, but to many officers and women. See the Châu一lî, Pt. I. vii. 32.

5. 'It follows that if a governor will *try* to please everybody, he will find the days not sufficient *for his work*.'

    5. 'The days not sufficient,'一i. e. he will not have time for all he has to do.

4절

君子平其政, 行辟人可也, 焉得人人而濟之.

지사가 동등한 정의의 원리에서 법을 행하면, 밖으로 나갈 때 사람들을 길에서 비키게 해도 된다. 어떻게 모든 사람을 강 건너편으로 옮길 수 있단 말인가?

4절 각주

군자(君子)는 위정자 즉 '재상'을 의미한다. 벽(辟)은 벽(闢)으로 읽힌다. 제후가 길을 나설 때 사람들이 길에서 비키는 주나라의 법에도 있었다. 이 법은 제후뿐만 아니라 여러 관리와 여자에게도 확대되었다. 『주례』(周禮) 제1권 제7장 제32절[15]을 보라.

5절

故爲政者, 每人而悅之, 日亦不足矣.

그러므로 통치자가 모든 사람을 즐겁게 [하고자] 한다면 [일할] 시간이 부족하다는 것을 알게 될 것이다."

5절 각주

'충분하지 않은 날들'은 즉 그가 해야 할 모든 일을 하기에 시간이 부족할 것이라는 의미이다.

---

15) (역주) 『周禮』 1권 「天官冢宰」: '閽人~凡外內命夫命婦出入 則爲之闢.'

CHAPTER III.

CH. 3. WHAT TREATMENT SOVEREIGNS GIVE TO THEIR MINISTERS WILL BE RETURNED TO THEM BY A CORRESPONDING BEHAVIOR.

1. Mencius said to the king Hsüan of Ch'î, 'When the prince regards his ministers as his hands and feet, his ministers regard their prince as their belly and heart; when he regards them as his dogs and horses, they regard him as another man; when he regards them as the ground or as grass, they regard him as a robber and an enemy.'

1. 'As his hands and feet,'—i. e. with kindness and attention. 'As their belly and heart,'—i. e. with watchfulness and honour. 'As his dogs and horses,'—i. e. without respect, but feeding them. 'As any other man,'— literally, 'as a man of the kingdom,' i. e. without any distinction or reverence. 'As ground or as grass,'—i. e. trampling on them, cutting them off.

제3장

군주가 신하를 어떻게 대하느냐에 따라 신하는 그에 상응하는 행동으로 군주를 대할 것이다.

1절

孟子告齊宣王曰, 君之視臣如手足, 則臣視君如腹心, 君之視臣如犬馬, 則臣視君如國人, 君之視臣如土芥, 則臣視君如寇讎.

맹자가 제나라 선왕에게 말씀드렸다. "제후가 신하들을 손과 발로 여길 때 그들은 제후를 배와 심장으로 여깁니다. 제후가 신하들을 개와 말로 여길 때 그들은 제후를 그저 그런 사람으로 여깁니다. 제후가 신하들을 땅과 풀로 여길 때 그들은 제후를 강도와 적으로 여깁니다."

1절 각주

'그의 손과 발처럼'은 즉 인과 관심을 의미한다. '배와 심장처럼'은 살핌과 명예를 의미한다. '개와 말처럼'은 존중하지 않고 먹이를 주는 것을 의미한다. '그저 그런 사람'은 문자 그대로 '나라의 여느 사람처럼'으로 특출함과 경외심이 없는 것을 의미한다. '땅처럼 또는 풀처럼'은 그들을 짓밟고 잘라내는 것을 의미한다.

2. The king said, 'According to the rules of propriety, a minister wears mourning when he has left the service of a prince. How must *a prince* behave that his *old ministers* may thus go into mourning?'

2. The Lî here referred to is mentioned in the 'Ritual Usages;'一see Bk. XI(卷二十三), 68; et al. The passage, however, is obscure. 爲舊君,一'for an old prince,' i. e. a prince whose service he has left. The king falls back on this rule, thinking that Mencius had expressed himself too strongly.

2절

王曰, 禮, 爲舊君有服, 何如, 斯可爲服矣.

왕이 말했다. "예법에 따르면, 신하는 제후의 조정을 떠나고 나서도 상복을 입는다고 합니다. [제후가] 어떻게 처신해야 [오래된 재상이] 이렇게 애도를 하게 됩니까?"

2절 각주

여기서의 '예'는 『의례』(儀禮) 제11권(23책) 제68항[16] 등에서 언급된다. 그러나 '예'는 모호하다. 위구군(爲舊君)은 '오래된 제후를 위하여' 즉 신하가 모셨던 제후이다. 왕은 맹자의 표현이 너무 거칠다고 생각하여 이 예법을 거론한다.

---

16) (역주) 『儀禮』 '以道去君而未絶者, 服齊衰三月.'

CHAPTER VI

CH. 6. THE GREAT MAN MAKES NO MISTAKES IN MATTERS OF PROPRIETY AND RIGHTEOUSNESS.

Mencius said, 'Acts of propriety which are not really proper, and acts of righteousness which are not *really* righteous, the great man does not do.'

非禮之禮, 非義之義, expressions in themselves contradictory, must be taken with some latitude. 'Respect,' it is said, 'belongs to propriety, but it may be carried so far as to degenerate into flattery,' &c.

제6장

대인은 예와 의가 관련된 문제에서 결코 실수하지 않는다.

孟子曰, 非禮之禮, 非義之義, 大人弗爲.

맹자가 말했다. "[사실상] 적절하지 않는 [예의 행동]과 [사실상] 의롭지 않는 [의의 행동], 대인은 이러한 일을 하지 않는다."

6장 각주
'비례지예, 비의지의(非禮之禮 非義之義)'는 모순 표현으로 조금 자유롭게 해석해야 한다. '공경은 예에 속하지만 과하면 아부로 전락할 수 있다'와 같은 말이 있다.

CHAPTER VII

CH. 7. WHAT DUTIES ARE DUE FROM, AND MUST BE RENDERED BY, THE VIRTUOUS AND TALENTED TO THE YOUNG AND IGNORANT.

Mencius said, 'Those who keep the Mean, train up those who do not, and those who have abilities, train up those who have not, and hence men rejoice in having fathers and elder brothers who are possessed of virtue and talent. If they who keep the Mean spurn those who do not, and they who have abilities spurn those who have not, then the space between them—those so gifted and the ungifted—will not admit an inch.'

中也, 才也='given the Mean,' 'given abilities.' 中,—the Mean, the rightly ordered course of conduct. Both it and 才 must be taken here in the concrete. 父兄,—as in Bk. III. Pt. I. ii. 3. 如中也, 云云,—by neglecting their duty, the one class bring themselves to the level of the other. 賢 embraces both the 中 and the 才 above. 不肖,—see the Doctrine of the Mean, iv. 以寸,—'with an inch,' i. e. be measured with an inch.

제7장

유덕하고 재주 있는 사람이 어리고 무지한 사람에게 어떤 책임을 지고 행동해야 하는가.

孟子曰, 中也養不中, 才也養不才, 故人樂有賢父兄也, 如中也棄不中, 才也棄不才, 則賢不肖之相去, 其間, 不能以寸.

맹자가 말했다. "중용을 유지하는 이들은 중용을 유지하지 않는 이들을 교육하고, 능력이 있는 이들은 능력이 없는 이들을 교육한다. 그러므로 사람들은 유덕하고 재주 있는 아버지와 형이 있는 것을 기뻐한다. 만약 중용을 행하는 자가 그렇지 않은 자를 거부한다면, 능력이 있는 자가 그렇지 않은 자를 거부한다면, 재능을 타고난 자와 그렇지 않은 자의 거리는 한 치도 안 된다."

7장 각주

중야(中也), 재야(才也)는 '중용이 주어진 자' '재주가 주어진 자'이다. 중(中)은 '중용(Mean)', 즉 올바르게 질서 잡힌 행동의 과정을 의미한다. 여기서의 중용과 재주는 모두 구체적인 것으로 보아야 한다. 부형(父兄)은 제3권 제1편 제2절, 제3절과 같다. '여중야, 운운(如中也, 云云)'은 의무를 게을리함으로써 한 집단이 다른 집단의 수준으로 전락한다는 의미이다. 현(賢)은 위의 중용과 재주를 포함한다. 불초(不肖)는 『중용』 제4장을 보라. 이촌(以寸)은 '한 치로' 즉 한 치로 측정된 것을 의미한다.

CHAPTER VIII

CH. 8. CLEAR DISCRIMINATION OF WHAT IS WRONG AND RIGHT MUST PRECEDE VIGOROUS RIGHT-DOING.

Mencius said, 'Men must be decided on what they will NOT do, and then they are able to act with vigour *in what they ought to do*.'

> Literally, 'men have the not-do, and afterwards they can have the do.' 有 爲 implies vigor in the action. Châo Ch'î's commentary is:—'If a man will not condescend to take in any irregular way, he will be found able to yield a thousand chariots.'

제8장

잘못된 것과 바른 것을 명확하게 구별한 후에야 바른 것을 활기차게
행할 수 있다.

孟子曰, 人有不爲也而後, 可以有爲.

맹자가 말했다. "사람들은 절대 하지 않을 것에 비추어 판단해야 하고, 그
런 후에야 [해야 하는 일을] 활기차게 행할 수 있다."

8장 각주

문자 그대로, '사람들에게는 하지 말아야 할 것이 있고, 그런 다음에야 그
들은 해야 할 것을 가질 수 있다'라는 의미이다. 유위(有爲)는 행동의 활
기를 암시한다. 조기의 주석은 다음과 같다. '만약 변칙적인 방식을 받아
들이기 위해 몸을 낮추지 않는다면, 그 사람은 천 대의 전차를 생산할 수
있을 것이다.'

CHAPTER IX

CH. 9. EVIL SPEAKING IS SURE TO BRING WITH IT EVIL CONSEQUENCES.

Mencius said, 'What future misery have they and ought they to endure, who talk of what is not good in others!'

The 當 here, followed by 如何, creates a difficulty. Chû Hsî supposes the remark was made with some peculiar reference. If we knew that, the difficulty would vanish. The original implies, I think, all that 1 have expressed in the translation.

제9장

악담은 필히 나쁜 결과를 초래한다.

孟子曰, 言人之不善, 當如後患何.

맹자가 말했다. "타인의 선하지 않는 점에 대해 말하는 이들은 장차 어떤 비참함을 겪고 견뎌야 하겠는가?"

9장 각주

당(當) 뒤에 여하(如何)가 올 때, 해석의 어려움이 발생한다. 주희는 그 말이 어떤 특정한 것을 지시한다고 추정한다. 우리가 그것을 안다면, 해석의 어려움은 사라질 것이다. 나는 나의 번역이 원문에서 암시한 모든 것을 반영한다고 생각한다.

CHAPTER X

CH. 10. THAT CONFUCIUS KEPT THE MEAN.

Mencius said, 'Chung-nî did not do extraordinary things.'

已甚者,一i. 6., 'excessive things,' but 'extraordinary' rather approaches the meaning. It may strike the student that the meaning is一'Confucius's inaction (=slowness to act) was excessive,' but in that case we should have had 矣 and not 者, at the end. We may compare with the sentiment the Doctrine of the Mean, xi, xiii; Analects, VIII. xx, *et al.*

제10장

공자는 중용을 유지했다.

孟子曰, 仲尼不爲已甚者.

맹자가 말했다. "중니께서는 정상에서 벗어난(extraordinary) 것을 하지 않았다."

10장 각주

이심자(已甚者)는 '지나친 것'이지만 '정상에서 벗어난'의 의미가 더 적절하다. 학생들은 이 절을 '공자의 비활성(행동의 느림)은 지나쳤지만'이라고 생각할 수도 있다. 그러나 그렇게 해석하려면 마지막 부분에 자(者)가 아닌 의(矣)가 와야 한다. 우리는 이 문맥의 의미를 『중용』 제11장과 제13장, 『논어』 제7권 제20장 등과 비교해 볼 수 있다.

CHAPTER XI

CH. 11. WHAT IS RIGHT IS THE SUPREME PURSUIT OF THE GREAT MAN.

Mencius said, 'The great man does not think beforehand of his words that they may be sincere, nor of his actions that they may be resolute;— he simply *speaks and does* what is right.'

 Compare Analects, IV. x. 不必,—'does not *must*'; he is beyond the necessity of caring for that. 惟義所在,—'only that in which righteousness is'; that only is his concern. In fact, he can hardly be said to be *concerned* about this. It is natural to him to pursue the right.

제11장

올바른 것은 대인이 추구해야 할 최상의 목표이다.

孟子曰, 大人者, 言不必信, 行不必果, 惟義所在.

맹자가 말했다. "대인은 그의 말이 진실한가를 미리 생각하지 않고, 그의 행동이 확고한가를 미리 생각하지 않는다. 대인은 그저 올바른 것을 [말하고 행한다]."

11장 각주

『논어』 제9권 제10장과 비교하라. 불필(不必)이란 [당위가 아니다]로 '그는 그것에 주의하는 습관을 넘어선다.'는 의미이다. 유의소재(惟義所在)는 '의로운 것만으로 그것만이 그의 관심사라는 뜻을 의미한다. 사실상 그가 그것에 대해 [염려한다]라고 볼 수 없다. 바른 것을 추구하는 것은 그에게 자연스러운 것이다.

CHAPTER XV

Mencius said, 'In learning extensively and discussing minutely what is learned, the object *of the superior ma*n is that he may be able to go back and set forth in brief what is essential.'

Chû Hsî says, apparently with reason, that this is a continuation of the last chapter, showing that the object of the superior man in the extensive studies which he pursues, is not vain-glory, but to get to the substance and essence of things. 約 conveys the two ideas of condensation and importance.

제15장

孟子曰, 博學而詳說之, 將以反說約也.

맹자가 말했다. "방대하게 배우고 상세하게 논하는 [군자의] 배움의 목적은 본질적인 것으로 돌아가서 그것을 간략하게 제시하기 위해서이다."

15장 각주

주희는 제15장은 제14장의 연속이며 군자의 박학 목적은 허영과 명예가 아니라 사물의 실체와 본질에 도달하는 것임을 보여주었다. 주희의 해석은 타당하다. 약(約)은 응축과 중요의 두 가지 생각을 전달한다.

CHAPTER XVI

Mencius said, 'Never has he who would by his excellence subdue men been able to subdue them. Let *a prince* seek by his excellence to nourish men, and he will be able to subdue the whole kingdom. It is impossible that any one should become ruler of the people to whom they have not yielded the subjection of the heart.'

The object of this chapter, say commentators, is to stimulate rulers to do good in sincerity, with a view, that is, to the good of others. I confess it is to me very enigmatical. Paul's sentiment,—'Scarcely for a righteous man will one die, yet peradventure for a good man some would even dare to die,'—occurs to the mind on reading it, but this is clashed with by its being insisted on that 養人以善 has no reference to the nourishing men's bodies, but is the bringing them to the nourisher's own moral excellence. Châo Ch'î takes the first 善 as meaning 威力, 'majesty and strength.' But this is inadmissible. The point of the chapter is evidently to be found in the contrast of 服 and 養.

제16장

孟子曰, 以善服人者, 未有能服人者也, 以善養人然後, 能服天
下, 天下不心服而王者, 未之有也.

맹자가 말했다. "우수함(excellence, 善)으로 사람들을 복종시키고자 하는
자는 결코 그들을 복종시킬 수 없다. [제후가] 우수함으로 백성들을 부양
한다면 그러면 그는 천하를 복종시킬 수 있을 것이다. 백성들이 마음으로
복종하지 않는다면 그 누구라도 그들의 지배자가 되는 것은 불가능하다."

16장 각주

주석가들은 이 장의 목적은 다른 사람들의 선을 위해 통치자들이 성심으
로 선을 행하도록 권장하기 위해서라고 해석한다. 나는 이 구절이 나에게
매우 수수께끼 같은 것임을 고백한다. 사도 바울이 '의로운 자를 위해 죽
지 않을 것이지만, 아마도 어떤 이는 선한 자를 위해 기꺼이 죽을 것이
다.'라는 취지로 말했는데, 제16장은 바울의 글을 생각나게 한다. 하지만
이 절에서 양인이선(養人以善)이 부양자의 몸을 전혀 언급하지 않고 부양
자 자신의 도덕적 우수함으로 그들을 이끄는 것으로 주장하고 있다는 점
에서 서로 충돌한다. 조기는 처음의 선(善)을 위력(威力) 즉 '위엄과 힘'으
로 해석하지만 이는 수용하기 어렵다. 이 장의 요지는 명확하게 복(服)과
양(養)의 대비에서 찾을 수 있다.

CHAPTER XVII

Mencius said, 'Words which are not true are inauspicious, and the words which are most truly obnoxious to the name of inauspicious, are those which throw into the shade men of talents and virtue.'

The translation takes 無實 as an adjective qualifying 言, and there is a play on the term in the use of 實 in the two parts. Chû Hsî mentions another view making 無實 an adverb joined to 不祥, 'there are no words really inauspicious'; i. e. generally speaking, 'only those are obnoxious to be regarded as really inauspicious which throw into,' &c. He says he is unable to decide between the two interpretations, and thinks the text may be mutilated. 者 has reference to 言, not to 人, to 'words,' not to 'men.'

제17장

孟子曰, 言無實不祥, 不祥之實, 蔽賢者當之.

맹자가 말했다. "진실하지 않은 말은 상서롭지 않고, 상서롭지 않은 것 중에서도 진실로 가장 불쾌한 말은 재주와 덕을 지닌 사람을 그림자 속으로 던지는 말이다."

17장 각주

나는 무실(無實)을 언(言)을 한정하는 형용사로 보고, 이 절에서 두 번 사용되는 실(實)에는 언어유희가 있는 것으로 해석한다. 주희는 무실(無實)을 불상(不祥)에 연결된 부사로 만들어 다르게 보는 '진실로 상서롭지 못한 말은 전혀 없다'라는 견해를 언급한다. 즉 일반적으로 말해서, '내던지는 그러한 말만이 정말로 상서롭지 못한 불쾌한 것으로 간주되어야 한다'라는 것이다. 주희는 두 해석 중 하나를 결정할 수 없고 본문의 글자가 훼손되었을 가능성이 있다고 말한다. 자(者)는 인(人)이 아닌 언(言) 즉, 사람이 아닌 말을 가리킨다.

CHAPTER XVIII

CH. 18. How MENCIUS EXPLAINED CONFUCIUS'S PRAISE OF WATER.

1. The disciple Hsü said, 'Chung-nî often praised water, saying, "0 water! 0 water!" What did he find in water *to praise?*'

1. 亟,—read chí, up. 3rd tone, 'often.' 稱(in the sense of 'to praise'), 於 水,—於 marking the objective case, or = found something to praise in water. See Analects, IX. xvi, though we have not there the exact words of this passage.

제18장

맹자가 공자의 물에 대한 예찬을 어떻게 설명하는가.

1절

徐子曰, 仲尼亟稱於水曰, 水哉水哉, 何取於水也.

서자가 물었다. "공자께서는 물을 자주 예찬하여 '오, 물이여! 오, 물이여!' 라고 하셨습니다. 공자께서는 물의 어떤 점을 보고 [예찬하였습니까?]"

1절 각주

'극(亟)'은 '기'로 읽히고 2성조로 '자주'를 뜻한다. '칭어수(稱[찬미하다]於 水)'에서 어(於)는 목적격임을 나타내고 또한 물에서 찬미할 어떤 것을 발 견한다는 것이다. 『논어』 제9권 제16장을 보라. 그러나 『논어』에는 이 문 구에 해당하는 정확한 표현이 없다.

2. Mencius replied, 'There is a spring of water; how it gushes out! It rests not day nor night. It fills up every hole, and then advances, flowing onto the four seas. Such is water having a spring! It was this which he found in it to praise.

2. 科=坎, 'a pit,' i,e. every hollow in its course, 是之取爾, 'it was just the seizing of this.' One commentator, brings out the 是之 in this way—以是之故而取之爾.

2절

孟子曰, 原泉混混, 不舍晝夜, 盈科而後進, 放乎四海, 有本者
如是, 是之取爾.

맹자가 말했다. "물은 원천이 있어 콸콸 흘러나오는구나! 물은 낮에도 밤
에도 쉬지 않고 모든 구덩이를 메우고 앞으로 나아가 사해로 흘러간다.
원천이 있는 물은 그러하다! 공자께서 물에서 예찬할 어떤 것을 발견한
것은 이런 점 때문이다.

2절 각주

과(科)는 감(坎), '구덩이'로, 물이 지나가는 자리에 있는 텅 빈 곳을 의미
한다. 시지취이(是之取爾)는 '[그것은] 단지 이것의 포착[이었다.]'이다. 한
주석가는 시지(是之)를 이런 식으로 받아들여 '이시지고이취지이(以是之故
而取之爾)'로 해석한다.

3. 'But suppose that the water has no spring.—In the seventh and eighth when the rain falls abundantly, the channels in the fields are all filled, but their being dried up again may be expected in a short time. So a superior man is ashamed of a reputation beyond his merits.'

3. Here, again, the months are those of Châu, corresponding to the present third and sixth. 雨集,—'the rains are collected.' 溝澮 were channels belonging to the irrigation of the lands divided on the nine-square system. 可立而待,—we might translate as = 'one may stand and wait till they are dry,' but 立 is often used ='quickly.' 情=實, as in the Great Learning, Commentary, chap. iv.

3절

苟爲無本, 七八月之間雨集, 溝澮皆盈, 其涸也, 可立而待也, 故聲聞過情, 君子恥之.

물의 발원지가 없다고 생각해 보라. 7월과 8월에 비가 많이 올 때 논고랑은 모두 물로 가득하겠지만 얼마 안 가 그 물은 다시 마르고 말 것이다. 그래서 군자는 자신의 장점 이상으로 명성을 얻는 것을 부끄러워한다."

3절 각주

여기서 7월과 8월도 주나라의 책력을 따른 것으로 오늘날의 3월과 6월[17]에 해당한다. 우집(雨集)은 '비가 모이다'이다. 구회(溝澮)는 정전법으로 구획한 토지의 관개수로이다. 가립이대(可立而待)는 '우리는 서서 논이 마를 때까지 기다릴 수 있다로 해석할 수 있지만, 입(立)은 자주 '빠르게'로 해석된다. 정(情)은 『대학』전(傳) 제4장에서처럼 실(實)의 의미이다.

---

17) (역주) 레게는 3월과 6월(third and sixth)이라고 했지만, 이는 5월과 6월의 오기인 것으로 보인다.

4. King Wû did not slight the near, and did not forget the distant.

4. 泄, read *hsieh* (as 洩), and defined by Châo Ch'î as meaning 狎, 'to slight.' The adjectives are to be understood both of persona and things.

5. 'The duke of Châu desired to unite in himself *the virtues* of those kings, *those founders of the* three *dynasties*, that he might display in his practice the four things *which they did*. If he saw any thing in them not suited to his time, he looked up and thought about it, from daytime into the night, and when he was fortunate enough to master the difficulty, he sat waiting for the morning.'

5. 三王,—i. e. Yü, T'ǎng, and the kings Wǎn and Wû, who are often classed together as the founders of the Châu dynasty. 'The four things' are what have been stated in the preceding paragraphs. 其 has 事 for its antecedent. 得之,—'apprehended it,' understood the matter in its principles, so as to be able to bring into his own practice the spirit of those ancient sages.

4절

武王, 不泄邇, 不忘遠.

무왕은 가까이에 있는 것을 무시하지 않았고 먼 곳에 있는 것을 잊지 않았다.

4절 각주

'설(泄)'은 '설(渫)'처럼 [설]로 읽는다. 조기는 이를 압(狎), '무시하다'로 정의했다. 형용사들은 사람과 사물 모두와 관련된다.

5절

周公, 思兼三王, 以施四事, 其有不合者, 仰而思之, 夜以繼日, 幸而得之, 坐以待旦.

주공은 세 왕조의 시조들의 덕을 자기 속에 통합하기를 원하였고, [그들이 행한] 네 가지가 그의 실천 속에 드러나기를 희망했다. 그는 [그의 시대에] 맞지 않는 것을 보면 위를 바라보며 그것에 대해 낮부터 밤이 늦도록 생각했고, 다행히 그 어려움을 해결하게 되면 앉아서 아침이 오기를 기다렸다."

5절 각주

삼왕(三王)은 요임금과 탕왕 그리고 문왕과 무왕이다. 문왕과 무왕 두 사람을 묶어 주나라의 한 시조로 본다. '네 가지'는 앞의 제19장에서 진술된 것이다. 기(其)의 선행사는 사(事)이다. 득지(得之)는 '그것을 이해했다'이다. 문제를 원리로 이해하는 것은 이를 통해 옛 성인들의 정신을 실천하기 위해서이다.

CHAPTER XXI

CH. 21. THE SAME SUBJECT;—ILLUSTRATED IN CONFUCIUS.

1. Mencius said, 'The traces of sovereign rule were extinguished, and the *royal* odes ceased to be made. When those odes ceased to be made, then the Ch'un Ch'iû was produced.

1. The extinction of the true royal rule of Châu dates from the transference of the capital from Fâng and Hâo to Lo by the sovereign P'ing, B.C. 769. From that time, the sovereigns of Châu had the name without the rule. By the 詩 is intended, not the Book of Poems, but the Yâ (雅) portion of them, descriptive of the royal rule of Châu, and to be used on imperial occasions. 亡 does not mean that the Yâ were lost, but that no additions were made to them, and they degenerated into mere records of the past, and were no longer descriptions of the present, Confucius edited the annals of Lû to supply the place of the Ya. See Bk. III. Pt. II. ix. 8.

제21장

동일한 주제로 공자를 예로 든다.

1절
孟子曰, 王者之迹, 熄而詩亡, 詩亡然後, 春秋作.

맹자가 말했다. "군주다운 통치의 흔적은 사라지고, [왕에 대한] 시는 더 이상 만들어지지 않았다. 이러한 시가 더 이상 만들어지지 않았을 때, 그때 『춘추』가 나왔다.

1절 각주
주나라 왕조의 사실상의 멸망은 기원전 769년 평왕(平王)이 수도를 풍호(豐鎬)에서 낙양(洛陽)으로 옮겼을 때부터 시작되었다. 그 때부터 주나라의 군주들은 명목상의 군주에 불과했다. 시(詩)가 의도한 것은 『시경』 전체가 아니라 『시경』의 시 중에서도 국가의 큰 행사 때 사용되었던 주나라의 왕정을 묘사하는 아(雅) 부분이다. 망(亡)은 아(雅)를 잃어버렸다는 것이 아니라 어떠한 아(雅)가 더 이상 만들어지지 않았다는 것이다. 즉 아(雅)가 과거의 기록물로만 퇴화하여 더 이상 현재를 묘사하지 못한다는 것을 의미한다. 공자는 노나라의 연대기를 편집하여 아(雅)를 대신했다. 제3권 제2편 제9장 제8절을 보라.

2. 'The Shăng of Tsin, the Tâo-wû of Ch'û, and the Ch'un Ch'iû of Lû were books of the same character.

2. Each State had its annals. Those of Tsin were compiled under the name of *shăng* (4th tone), 'The Carriage'; those of Ch'ûu under that of *Tâo-wü*, which is explained as the name of a ferocious animal, and more anciently as the denomination of a vile and lawless man. The annals of Lû had the name of 'Spring arid Autumn,' two seasons for the whole.

3. 'The subject of *the* Ch'un Ch'iû was the affairs of Hwan of Chî and Wan of Tsin, and its style was the historical. Confucius said, "Its *righteous* decisions I ventured to make."'

3. 其 refers only to the annals of Lû. They did not contain only the affairs of Hwan and Wăn, but these occupied an early and prominent place in them. 竊,－see Bk. II. Pt. I. ii. 20. 取 makes the expression still more humble, as if Confucius had 'taken' the judgments from the historians, and not made them himself.

2절

晉之乘, 楚之檮杌, 魯之春秋, 一也.

진나라의 『승』, 초나라의 『도올』, 그리고 노나라의 『춘추』는 동일한 성격의 책이다.

2절 각주

각 나라에서 연대기가 편찬되었다. 진(晉)나라 연대기의 이름은 『승』(乘)이고 '승'은 4성조로 수레를 의미한다. 초나라는 『도올』(檮杌)로 '도올'은 포악한 짐승의 이름이나 더 먼 옛날에는 사악하고 무도한 인간을 가리켰다. 노나라는 『춘추』(春秋)로 '춘추'는 일 년의 두 계절을 의미한다.

3절

其事則齊桓晉文, 其文則史, 孔子曰, 其義則丘竊取之矣.

『춘추』의 주제는 제나라의 환공과 진나라의 문공과 관련된 사건들이고, 그것은 역사서의 문체로 기술되었다. 공자께서 '그것의 [의로운] 결정을 내가 감히 취했다'라고 말했다."

3절 각주

기(其)는 노나라의 역사만을 가리킨다. 『춘추』가 환공과 문공과 관련된 사건만을 담은 것이 아니지만 노나라의 역사가 앞부분에서 주목할 만한 위치를 차지했다. 절(竊)은 제2권 제1편 제2장 제20절을 보라. 취(取)는 그 표현을 훨씬 더 겸손하게 만드는데 마치 공자가 스스로 판단을 하는 것이 아니라 역사가들의 판단을 '취하는 것'처럼 보이게 만든다.

CHAPTER XXII

CH. 22. THE SAME SUBJECT;—ILLUSTRATED IN MENCIUS HIMSELF.

1. Mencius said, 'The influence of a sovereign sage terminates in the fifth generation. The influence of a mere sage does the same.

  1. Here 君子=聖賢有位者, 'the sage and worthy, who has position,' i. e. who occupies the throne, and 小人=聖賢無位者, 'the sage and worthy, who has no position.' We might suppose that the influence of the former would be more permanent, but Mencius is pleased to say their influence lasts the same time. 澤 is to be taken as.= 'influence,' it being understood to be of a beneficial character.

제22장

맹자는 동일 주제로 자신을 예로 든다.

1절
孟子曰, 君子之澤, 五世而斬, 小人之澤, 五世而斬.

맹자가 말했다. "성현군주의 영향력은 5대가 지나면 끝난다. 군주가 아닌 성현의 영향력도 5대가 지나면 끝난다.

1절 각주
여기서 군자(君子)는 성현유위자(聖賢有位者), '성현으로 지위가 있는 즉 왕위에 오른 자'이고, 소인(小人)은 성현무위자(聖賢無位者), '성현으로 지위가 없는 자'이다. 우리는 전자의 영향력이 더 영속적일 것이라 가정할 수 있지만, 맹자는 그들의 영향력의 지속 기간은 동일하다고 말하며 기뻐한다. 택(澤)은 '영향력'인데, 이것은 유익한 영향력으로 이해해야 한다.

2. 'Although I could not be a disciple of Confucius himself, I have endeavoured to cultivate my virtue by means of others *who were.*'

2. From the death of Confucius to the birth of Mencius there would be nearly a hundred years, so that, though Mencius could not learn his doctrines from the sage himself, he did so from his grandson Tsze-sze, or some of his disciples. 私= 竊, in last chapter. 淑=善 taken actively. 諸人=於人, the 人 referring to Tsze-sze and his school. This and the three preceding chapters should be considered as one, whose purpose is much the same as Bk. III. Pt. II. ix, showing us that Mencius considered himself the successor of Confucius in the line of sages.

2절

予未得爲孔子徒也, 予私淑諸人也.

비록 공자의 직계 제자가 될 수 없었지만 나는 [공자의 제자였던] 다른 사람들을 통해 덕을 쌓고자 노력했다.”

2절 각주

공자가 사망한 후 맹자가 태어날 때까지 거의 1백 년의 간격이 있다. 그래서 맹자는 공자로부터 직접 그의 원리를 배울 수 없었지만, 그의 손자인 자사와 또는 몇몇 제자로부터 공자의 가르침을 배웠다. 사(私)는 제21장에서의 절(竊)이다. 숙(淑)은 선(善)으로 능동으로 해석해야 한다. ‘저인’(諸人)은 어인(於人)으로, 인(人)은 자사와 그의 학파를 가리킨다. 이 장과 앞의 세 개의 장을 하나로 보아야 하고 4개의 장의 목적은 제3권 제2편 제9장과 매우 유사하다. 모두 성현의 계보에서 맹자가 자신을 공자의 계승자로 간주하고 있음을 보여준다.

CHAPTER XXIII

CH. 23. FIRST JUDGMENTS ARE NOT ALWAYS CORRECT. IMPULSES MUST BE WEIGHED IN THE BALANCE OF REASON, AND WHAT REASON DICTATES MUST BE FOLLOWED.

Mencius said, 'When it appears proper to take a thing, and *afterwards* not proper, to take it is contrary to moderation. When it appears proper to give a thing and *afterwards* not proper, to give it is contrary to kindness. When it appears proper to sacrifice one's life, and *afterwards* not proper, to sacrifice it is contrary to bravery.'

Such is the meaning of this chapter in translating the separate clauses of which, we must supplement them by introducing 'afterwards'.

제23장

제일 처음의 판단이 항상 바른 것은 아니다. 충동은 이성과 균형을 이루어야 하고, 이성의 지시를 따라야 한다.

孟子曰, 可以取, 可以無取, 取傷廉, 可以與, 可以無與, 與傷惠, 可以死, 可以無死, 死傷勇.

맹자가 말했다. "어떤 것을 취하는 것이 적절한 것처럼 보이지만 [나중에] 적절하지 않을 때 그것을 취하는 것은 절제(moderation)가 아니다. 어떤 것을 주는 것이 적절해 보이지만 [나중에] 적절하지 않을 때 그것을 주는 것은 친절이 아니다. 자신의 목숨을 희생하는 것이 적절해 보이지만 [나중에] 적절하지 않을 때 목숨을 희생하는 것은 용맹이 아니다."

23장 각주
이 장에서 분리된 구절을 번역할 때 '나중에(afterwards)'를 도입하여 문장을 보완할 때 의미가 완성된다.

CHAPTER XXV

CH. 25. IT IS ONLY MORAL BEAUTY THAT IS TRULY EXCELLENT AND ACCEPTABLE.

1. Mencius said, 'If the lady Hsî had been covered with a filthy *head-dress*, all people would have stopped their noses in passing her.

1. Hsî-tsze, or 'Western lady,' was a poor girl of Yüeh, named Shih î(施 夷), of surpassing beauty, presented by the king of Yüeh to his enemy the king of Wû, who became devotedly attached to her, and neglected all the duties of his government. She was contemporary with Confucius. The common account is that she was called 'the western lady,' because she lived on the western bank of a certain stream. If we may receive the works of 管子, however, as having really proceeded from that scholar and statesman, there had been a celebrated beauty named Hsî-tsze, two hundred years before the one of Yüeh. In translating 蒙不 潔, I have followed Châo Ch'î.

제25장

진실로 탁월하고 받아들일 수 있는 것은 도덕적인 아름다움뿐이다.

1절

孟子曰, 西子蒙不潔, 則人皆掩鼻而過之.

맹자가 말했다. "만약 서시가 오물 묻은 [장옷에] 덮여 있었다면, 모든 사람이 지나갈 때 코를 막았을 것이다.

1절 각주

서시(西施) 또는 '서쪽의 숙녀'는 서쪽 이민족 즉 서이(施夷)로 불리는 월나라의 빼어난 미모의 가난한 소녀이었다. 월나라 왕은 그녀를 적국인 오나라 왕에게 보냈다. 오나라 왕은 그녀에게 푹 빠져 모든 정사를 소홀히 했다. 그녀는 공자와 동시대 사람이다. 일반적으로는 그녀는 어떤 강의 서쪽 강변에 살았기 때문에 '서쪽의 여인'으로 불린다. 학자이자 정치가인 관자(管子)가 쓴 글을 받아들일 수 있다면 월나라의 서시가 나오기 2백 년 전에 서자(西子)로 불리는 유명한 미인이 있었던 것으로 보인다. 몽불결(蒙不潔)에 대한 번역은 조기의 해석을 따랐다.

2. 'Though a man may be wicked, yet if he adjust his thoughts, fast, and bathe, he may sacrifice to God.'

2. 惡, both by Châo Ch'î and Chû Hsî, is taken in the sense of 'ugly, in opposition to the beauty of the lady Hsî. I cannot but think Mencius intended it in the sense of 'wicked,' and that his object was to encourage men to repentance and well-doing. 齊,—read *chái*. See Analects, VII. xii, *et al.* By the laws of China, it was competent for the sovereign only to sacrifice to God. The language of Mencius, in connexion with this fact, very strikingly shows the virtue he attached to penitent purification.

2절

雖有惡人, 齊戒沐浴, 則可以祀上帝.

"어떤 사람이 사악할 수도 있지만, 생각을 바르게 하고 단식하고 목욕을 하면, 신에게 제를 올릴 수 있다."

2절 각주

조기와 주희는 모두 악(惡)을 서시의 미모와 반대되는 '못생긴'의 의미로 받아들인다. 나는 맹자가 악(惡)으로 의도한 것은 '사악하다'는 의미라고 생각한다. 맹자의 목적은 사람들로 하여금 회개하고 바르게 행동하도록 격려하는 것이기 때문이다. '제(齊)'는 [재]로 읽힌다. 이는 『논어』 제7권 제12장 등을 보라. 중국의 법에 따르면, 천자만이 하느님에게 제사를 지낼 수 있다. 이 사실을 고려할 때 맹자의 이 표현은 그가 참회의 정화를 덕에 포함함을 분명히 보여준다.

CHAPTER XXVI

CH. 26. HOW KNOWLEDGE OUGHT TO BE PURSUED BY THE CAREFUL STUDY OF PHENOMENA.

Mencius here points out correctly the path to knowledge. The rule which he lays down is quite in harmony with that of Bacon. It is to be regretted that in China, more perhaps than in any other part of the world, has it been disregarded.

1. Mencius said, 'All who speak about the natures *of things*, have in fact only their phenomena *to reason from*, and the value of a phenomenon is in its being natural.

1. 性 is here to be taken quite generally. Julien finds fault with Noel for translating it by *rerum natura*, which appears to be quite correct. Chû Hsî makes it = 人物所得以生之理, than which nothing could be more general. Possibly Mencius may have had in view the disputes about the nature of man which were rife in his time, but the references to Yü's labours with the waters, and to the studies of astronomers, show that the term is used in its most general signification. 故, =our 'phenomenon,' the nature in its development. The character is often used as synonymous with 事, 'facts.' 則 is more than a simple conjunction, and is to be taken in close connexion with the 而已; Châo Ch'î explains—則以故而已, 'can only do so by the 故.' And phenomena, to be valuable, must be natural, 利=順, 'following easily,' 'unconstrained.'

제26장

지식의 추구는 현상에 대한 주의 깊은 연구에서 이루어져야 한다.

여기서 맹자의 지식의 길에 대한 지적은 옳다. 맹자가 그리는 통치는 베이컨(Bacon)과 조화를 이룬다. 세계의 다른 어떤 지역보다 중국에서 이 부분이 간과되었다는 점이 매우 유감스럽다.

1절

孟子曰, 天下之言性也, 則故而已矣, 故者, 以利爲本.

맹자가 말했다. "모든 사람들이 [사물의] 본성에 대해 말하지만 그들이 가진 것은 사실상 [추론할] 사물의 본성의 현상뿐이다. 현상의 가치는 그것이 자연스러움에 있다.

1절 각주
성(性)은 여기서 매우 일반적으로 해석해야 한다. 줄리앙은 노엘이 성(性)을 [사물의 본성에 대하여]로 번역한 것을 두고 비난했는데, 노엘의 번역이 적절한 것 같다. 주희는 '성'을 '인물소득이생지리(人物所得以生之理)'[22]로 해석하는데 이보다 더 일반적인 의미의 '성'은 없는 것 같다. 아마도 맹자는 그의 시대에 팽배했던 인간의 본성에 대한 논의를 염두에 두었을지도 모른다. 그러나 우임금의 수로 작업과 천문 연구에 대한 언급을 보면 '성'이 가장 일반적인 의미로 사용되었다는 것을 보여준다. '고'(故)=영어로 '현상'이고, 현상 전개에 나타나는 본성이다. 이 글자는 때로 사(事), '사실들'과 유의어로 사용된다. 즉(則)은 단순한 연결어 이상으로 이이(而已)와 밀접하게 연결된 것으로 보아야 한다. 조기는 이를 즉이고이이(則以故而已), 즉 '고(故)에 의해서만 그렇게 할 수 있다'로 설명한다. 현상은 귀중한 것으로 자연스러워야 한다. 이(利)는 순(順)으로 '쉽게 따르는', '제지되지 않는'을 뜻한다.

---

22) (역주) 주희가 『맹자집주』에서 성(性)을 풀이한 말로 '본성이란 사람과 사물이 얻어서 태어난 이치'라는 뜻이다.

2. 'What I dislike in your wise men is their boring out *their conclusions*. If those wise men would only act as Yü did when he conveyed away the waters, there would be nothing to dislike in their wisdom. The manner in which Yü conveyed away the waters was by doing what gave him no trouble. If your wise men would also do that which gave them no trouble, their knowledge would also be great.

2. 智者 is the would-be wise = 'your wise men.'其鑿, 'their chiseling,' or 'boring,' i. e. their forcing things, instead of 'waiting' for them, which is a 行其所事, 'doing that in which they have many affairs, or much to do.' Yü is said 行水, rather than, according to the common phraseology about his labours, 治水, because 行 more appropriately represents the mode of his dealing with the waters, according to their nature, and not by a system of force.

2절

所惡於智者, 爲其鑿也, 如智者, 若禹之行水也, 則無惡於智矣, 禹之行水也, 行其所無事也, 如智者, 亦行其所無事, 則智亦大矣.

내가 너의 현명한 사람들에게서 싫어하는 점은 그들이 [결론을] 품고 있다는 것이다. 만약 저 현명한 사람들이 우임금이 강물을 먼 곳으로 옮길 때처럼만 한다면, 그들의 지혜를 싫어할 이유가 전혀 없을 것이다. 우임금은 강물을 먼 곳으로 옮길 때 자신에게 전혀 곤란하지 않은 방식으로 했다. 너의 현명한 사람들이 자신에게 전혀 곤란하게 하지 않는 것을 한다면, 그들의 지식도 위대할 것이다.

2절 각주

지자(智者)는 앞으로 현명해질 자, '너의 현명한 사람들'이다. 기착(其鑿)은 '그들의 다듬기' 혹은 '품기', 즉 그들이 사물들을 '기다리는 것' 대신 강요하는 것을 의미한다. 이것은 행기소사(行其所事), 즉 '그들이 가진 [많은] 일을 하는 것, 또는 할 것이 많은 것'이다. 우임금은 그의 노동에 대한 일반적인 표현인 치수(治水)보다는 오히려 행수(行水) 한 것으로 볼 수 있다. 왜냐하면 그가 물을 다루는 방식은 힘의 체제가 아닌 물의 본성을 따랐기에 행(行)이 더 적절한 표현이기 때문이다.

3. 'There is heaven so high; there are the stars so distant. If we have investigated their phenomena, we may, while sitting *in our places*, go back to the solstice of a thousand years *ago*.'

3. 千歲之日至, according to modern scholars, refers to the winter solstice, from the midnight of which, it is supposed, the first calculation of time began;一致是推致而得之,' we may calculate up to and get it.' Châo Ch'î, however, makes the meaning to be simply:一'We may sit and determine on what day the solstice occurred a thousand years ago.' See the 四書拓餘說, where this view is approved.

3절

天之高也, 星辰之遠也, 苟求其故, 千歲之日至, 可坐而致也.

하늘은 매우 높고 별들은 아주 멀리 있다. 만약 우리가 그 현상을 조사했다면, 우리는 [우리의 장소에] 앉아 있는 동안 1천 년 [전]의 지점(solstice)으로 되돌아 갈 수 있을 것이다."

3절 각주

천세지일지(千歲之日至)는 현대 학자에 따르면 동지를 가리키는데, 동지의 밤 12시부터 첫 번째 시간의 계산이 시작되는 것으로 추정되어, 치시추치이득지(致是推致而得之), 즉 '우리는 최대치까지 계산하여 얻을 수 있다'라는 의미이다. 그러나 조기는 그 의미를 단순하게 해석하여, '우리는 앉아서 천 년 전에 동지가 어느 날에 발생했는지 결정할 수 있다'라고 해설했다. 『사서탁여설』(四書拓餘說)은 조기의 의견을 받아들였다.

CHAPTER XXVII

CH. 27. How MENCIUS WOULD NOT IMITATE OTHERS IN PAYING COURT TO A FAVOURITE.

1. The officer Kung-hang having on hand the funeral of one of his sons, the Master of the Right went to condole with him. When *this noble* entered the door, some called him to them and spoke with him, and some went to his place and spoke with him.

1. Kung-hang (2nd tone, 'a rank,' 'a row;' various accounts are given of the way in which the term passed along with 公 into a double surname) was an officer of Ch'î, who 'had the funeral of a son.' Neither Châo Ch'î nor Chû Hsî offers any remark on the phrase, but some scholars of the Sung dynasty, subsequent to Chû Hsî, explained it as meaning, 有人子之喪, 'had the funeral duty that devolves on a son,' i. e. was occupied with the funeral of one of his parents, and nearly all commentators have since followed that view. The author of the 四書拓餘說 *in loc.*, shows clearly however, that it is incorrect, and that the true interpretation is the more natural one given in the translation. The Master of the Right here was Wang Hwan(see Bk. II. Pt. II. vi), styled Tsze-âo. At the royal court, there were the high nobles, called 太師 and 小師, 'Grand Master,' and 'Junior Master.' In the courts of the princes, the corresponding nobles were called 左師 and 右師, 'Master of the Left,' and 'Master of the Right.' 進,—as in Analects, VII. xxx.

제27장

맹자는 남들과 달리 총신에게 아부하지 않았다.

1절

公行子有子之喪, 右師往弔, 入門, 有進而與右師言者, 有就右
師之位而與右師言者.

대부 공행자가 그의 아들 가운데 한 명의 장례를 치르게 되었을 때, 우사
(Master of the Right)가 가서 그를 조문했다. [이 높은 사람이] 문에 들어
갈 때 어떤 이는 그를 불러 이야기를 나누었고, 어떤 이는 그가 있는 곳
에 가서 이야기를 나누었다.

1절 각주

공행(公行)의 '행'은 2성조로 '관직,' '열'을 의미한다. '행'이 공(公)과 결합되
어 공행이라는 복성이 된 이유에 대한 다양한 이야기가 있다. 공행은 제나
라의 대부로 '아들의 장례를 치렀다.' 조기와 주희 모두 이 표현에 대해 따
로 언급을 하지 않지만, 주희 이후의 송나라의 몇몇 학자들은 그것을 유인
자지상(有人子之喪), 즉 '아들로서 장례 의무가 있다'로 해석했다. 즉 그의
부모 중 한 명의 장례식을 치른 것으로 해석했고, 그 이후 거의 모든 주석
가가 이 견해를 따랐다. 그러나 『사서탁여설』(四書拓餘說)의 저자는 이 해
석이 바르지 않고 번역에서 제시한 해석이 보다 자연스러운 해석인 것을
명확히 보여준다. 여기서 우사는 왕환(王驩, 제2권 제2편 제6장을 보라)으
로, 자는 자오이다. 왕의 조정에는 태사(太師)와 소사(小師), 즉 '큰 스승'과
'작은 스승'으로 불리는 고관대작이 있었다. 제후들의 조정에는 이에 해당
하는 고관대작이 좌사(左師)와 우사(右師), 즉 '좌의 스승'과 '우의 스승'으
로 불렸다. 진(進)은 『논어』 제7권 제30장 제2절과 같다.

7. 'Thus it is that the superior man has a life-long anxiety and not one morning's calamity. As to what is matter of anxiety to him, that *indeed be has.*—*He says*, "Shun was a man, and I also am a man. *But* Shun became an example to all the kingdom, and *his conduct* was worthy to be handed down to after ages, while I am nothing better than a villager." This indeed is the proper matter of anxiety to him. And in what way is he anxious about it? Just that he maybe like Shun:—then only will he stop. As to what the superior man would feel to be a calamity, there is no such thing. He does nothing which is not according to propriety. If there should befall him one morning's calamity, the superior man does not account it a calamity.'

7. 憂,—proceeding from within; 患,—coming from without. 一朝之患 must be understood from the expressions below:—There may be calamity, but the superior man is superior to it. 乃, 'but.' We must supply,—'He should be without anxiety, *but* he has anxiety.' 若夫,—夫, 2nd tone. 亡=無.

7절

是故君子有終身之憂, 無一朝之患也. 乃若所憂, 則有之, 舜,
人也, 我, 亦人也, 舜爲法於天下, 可傳於後世, 我由未免爲鄕
人也, 是則可憂也, 憂之如何, 如舜而已矣, 若夫君子所患則亡
矣, 非仁無爲也,[24] 非禮無行也, 如有一朝之患, 則君子不患矣.

이리하여 군자에게 평생의 근심은 있지만, 하루아침의 재앙은 없다. 그의
근심이 무엇이냐에 대해 말하자면, 그는 [정말로] 그와 같은 근심이 있다.
[그가 말하길], '순임금은 사람이고 나 또한 사람이다. [그러나] 순임금은
천하의 모범이 되었고, [그의 행동은] 위대해서 후세대에 전해졌지만, 나는
한갓 촌사람에 불과하다'라고 한다. 그가 근심한 것은 바로 이 문제였다.
그는 어떤 방식으로 이 문제를 근심하는가? 그가 순임금처럼 될 수 있다
면, 비로소 근심을 멈출 것이다. 군자가 재앙이라고 느끼는 것이 있을까에
대해 말하자면, 그와 같은 것은 없다. 그는 인을 따르지 않는 것은 어떠한
것도 하지 않는다. 그는 예를 따르지 않는 것은 어떠한 것도 행하지 않는
다. 하루아침에 재앙이 닥친다고 해도 군자는 그것을 재앙으로 여기지 않
는다."

7절 각주

우(憂)는 '~안에서(from within) 오는 것'이고 환(患)은 '밖에서(from
without) 오는 것'이다. 일조지환(一朝之患)은 재앙이 있을 수도 있지만
군자는 그 위에 있다는 것으로 이해해야 한다. 내(乃)는 '그러나'이다.
우리는 '그는 근심이 없어야 [하지만 근심이 있다]'로 의미를 보충해야
한다. 약부(若夫)의 부(夫)는 2성조이다. '무'(亡)는 무(無)이다.

---

24) (역주) 레게가 '非仁無爲也' 부분의 영역(英譯)을 누락하였기에 한문 원문을 참고
하여 번역한다.

CHAPTER XXIX

CH. 29. A RECONCILING PRINCIPLE WILL BE FOUND TO UNDERLIE THE OUTWARDLY DIFFERENT CONDUCT OF GREAT AND GOOD MEN; IN HONOUR OF YEN HUI, WITH A REFERENCE TO MENCIUS HIMSELF.

1. Yü and Chî, in an age when the world was being brought back to order, thrice passed their doors without entering them. Confucius praised them.

1. See Bk. III. Pt. I. iv. 6, 7, 8. The thrice passing his door without entering it was proper to Yü, though it is here attributed also to Chî. 賢,—used as a verb, 'to pronounce a worthy,' = 'to praise.'

제29장

위대하고 선한 사람들의 겉으로 드러나는 행동이 다를 수 있지만, 그 행동의 기저에는 조정 원리가 있다. 맹자는 안회(顔回)를 높이 평가하면서 자신과 연결한다.

1절

禹稷, 當平世, 三過其門而不入, 孔子賢之.

우와 직은 세상의 질서가 다시 잡힌 이후에도 문 앞을 세 번 지났지만, 들어가지 않았다. 공자가 그들을 칭찬했다.

1절 각주

제3권 제1편 제4장 제6, 7, 8절을 보라. 문을 세 번 지났지만 들어가지 않았다는 것은 우의 고유한 행동이지만 여기서는 직에게도 적용된다. 현(賢)은 동사로 사용되어 '현인(worthy)'이라고 선언하는 것' 즉 '칭찬하는 것'이다.

2. The disciple Yen, in an age of disorder, dwelt in a mean narrow lane, having his single bamboo-cup of rice, and his single gourd-dish of water; other men could not have endured the distress, but he did not allow his joy to be affected by it. Confucius praised him.

2. See Analects, VI. ix. 平世 and 亂世 are contrasted, but a tranquil age was not a characteristic of Yü and Chî's time. It was an age of tranquilization.

3. Mencius said, 'Yü, Chî, and Yen Hûi agreed in the principle of their conduct.

3. 同道,－道=理之當然, 'what was proper in principle.'

2절

顔子當亂世, 居於陋巷, 一簞食, 一瓢飲, 人不堪其憂, 顔子不改其樂, 孔子賢之.

안자는 무질서의 시대에 허름하고 좁은 골목에 살았다. 그에게는 대나무 컵으로 한 컵의 밥과 한 표주박의 물밖에 없었다. 다른 사람들은 그 비참함을 견딜 수 없었겠지만, 안자는 이것이 그의 향락에 영향을 주는 것을 허용하지 않았다. 공자께서 그를 칭찬했다.

2절 각주

『논어』제6권 제9장을 보라. 평세(平世)와 난세(亂世)는 대조적이지만 평온한 시대는 우와 직의 시대의 특징이 아니다. 두 사람의 시대는 평온해지고 있는 시대이었다.

3절

孟子曰, 禹稷顔回同道.

맹자가 말했다. "우와 직과 안회는 행동의 원리에서 일치했다.

3절 각주

동도(同道)에서 도(道)는 리지당연(理之當然)[25], 즉 '원리에 고유한 것'과 같다.

---

25) (역주) 레게가 '리(理)'를 '매(埋)'로 오기하였기에 수정하였다.

4. 'Yü thought that if any one in the kingdom were drowned, it was as if he drowned him. Chî thought that if any one in the kingdom suffered hunger, it was as if he famished him. It was on this account that they were so earnest.

4. 由,─used for 猶.

5. 'If Yü and Chî, and Yen-tsze, had exchanged places, each would have done what the other did.

5. 則皆然, literally, 'then all so,' the meaning being as in the translation. Yen Hui, in the circumstances of Yü and Chî, would have been found labouring with as much energy and self-denial for the public good as they showed; and Yü and Chî, in the circumstances of Hûi, would have lived in obscurity, contented as he was, and happy in the pursuit of the truth and in cultivation of themselves.

4절

禹思天下有溺者, 由己溺之也, 稷思天下有飢者, 由己飢之也,
是以如是其急也.

우는 왕국의 어느 한 사람이 익사한다면 마치 그 자신이 익사시킨 것처럼
생각했다. 직은 왕국의 어느 한 사람이 굶주리면 마치 그가 굶긴 것처럼
생각했다. 그들이 그토록 간절했던 것은 바로 이러한 이유 때문이었다.

4절 각주

유(由)는 유(猶)로 사용된다.

5절

禹稷顔子, 易地則皆然.

우와 직과 안자가 서로 자리를 바꾸었더라도, 그들은 다른 사람이 한 것
을 했을 것이다.

5절 각주

'즉개연'(則皆然)은 문자 그대로, '그러면 모두 그렇게'로, 그 의미는 번역
과 같다. 안회가 우와 직의 상황에 있었다면 그들과 마찬가지로 동일한
열정과 자기부정으로 공공의 이익을 위해 애썼을 것이다. 우와 직이 안연
의 상황에 있었다면 그들은 안분지족하며 진리를 추구하고 자기수양에 힘
써며 살았을 것이다.

6. 'Here now in the same apartment with you are people fighting:—*you ought to* part them. Though you part them with your cap simply tied over your unbound hair, your conduct will be allowable.

6. 被,—read *p'î*, 2nd tone. The rules anciently prescribed for dressing were very minute. Much had to be done with the hair before the final act of putting on the cap, with its strings (纓) under the chin, could be performed. In the case in the text, all this is neglected. The urgency of the case, and the intimacy of the individual with the parties quarrelling, justify such neglect. 救之,—literally, 'to save them,' i. e. to part them. This was the case of Yü and Chî, in their relation to their times, while that in the next paragraph is supposed to illustrate the case of Yen Hûi in relation to his. But Mencius's illustrations are generally happier than these.

6절

今有同室之人鬪者, 救之, 雖被髮纓冠而救之, 可也.

지금 여기에 너와 동거하는 사람들이 싸우고 있다면 [너는] 그들을 떼어 놓아야 [한다]. 비록 머리를 푼 채 갓끈만 묶고 가서 떼어 놓는다고 하더라도 너의 행동은 용납될 것이다.

6절 각주

피(被)는 2성조로 [피]로 읽힌다. 옛날의 의복 규정은 매우 상세하다. 먼저 머리를 정리한 후 갓을 쓰고 턱 아래에서 갓끈을 마지막으로 묶어야 한다. 본문의 경우에는 이 모든 것이 무시된다. 상황이 급박하기 때문에 싸우는 당사자들과의 개인적 친분으로 이와 같은 소홀함이 정당화된다. 구지(救之)는 문자 그대로 '그들을 구하는 것' 즉 그들을 떼어놓은 것이다. 이것은 우와 직의 경우로 그들의 시대와 관련된다. 다음 절은 안회와 그의 시대를 예증할 것으로 추정된다. 그러나 맹자가 여기서 든 예는 일반적으로 세 사람보다 행복한 예이다.

7. 'If the fighting be *only* in the village or neighbourhood, if you go to put an end to it with your cap tied over your hair unbound, you will be in error. Although you should shut your door *in such a case*, your conduct would be allowable.'

7절

鄉隣, 有鬪者, 被髮纓冠而往救之, 則惑也, 雖閉戶, 可也.

싸움이 [단지] 마을 또는 이웃에서 났다면, 네가 머리를 푼 채 갓끈을 묶지 않고 싸움을 말리러 간다면, 그것은 잘못된 행동이다. [그런 경우에] 네가 문을 닫는다고 하더라도, 너의 행동은 용납될 것이다."

CHAPTER XXXI

CH. 31. HOW MENCIUS EXPLAINED THE DIFFERENT CONDUCT OF THE TSANG-TSZE AND OF TSZE-SZE IN SIMILAR CIRCUMSTANCES.

1. When the philosopher Tsăng dwelt in Wû-ch'ang, there came a band from Yüeh to plunder it. Someone said *to him*, 'The plunderers are coming:—why not leave this?' Tsăng *on this left the city*, saying to *the man in charge of the house*, 'Do not lodge any persons in my house, lest they break and injure the plants and trees.' When the plunderers withdrew, he sent word to him, saying, 'Repair the walls of my house. I am about to return.' When the plunderers retired, the philosopher Tsăng returned *accordingly*. His disciples said, 'Since our master was treated with so much sincerity and respect, for him to be the first to go away on the arrival of the plunderers, so as to be observed by the people, and then to return on their retiring, appears to us to be improper.' Ch'an-yû Hsing said, 'You do not understand this matter. Formerly, when Ch'an-yû was exposed to the outbreak of the grass-carriers, there were seventy disciples in our master's following, and none of them took part in the matter.'

제31장

맹자는 증자와 자사가 비슷한 상황에서 다른 행동을 한 이유를 설명한다.

1절

曾子居武城, 有越寇, 或曰, 寇至, 盍去諸, 曰, 無寓人於我室, 毁傷其薪木. 寇退, 則曰, 修我牆屋, 我將反. 寇退, 曾子反, 左右曰, 待先生如此, 其忠且敬也, 寇至則先去, 以爲民望, 寇退則反, 殆於不可. 沈猶行曰, 是非汝所知也, 昔, 沈猶有負芻之禍, 從先生者七十人, 未有與焉.

증자가 무성에 거주했을 때, 월나라의 일당이 그곳을 약탈하러 왔다. 어떤 이가 [그에게] 말했다. "약탈자가 오고 있으니 이곳을 떠나는 것이 어떻겠습니까?" 증자는 [이에 도시를 떠나며 집 관리자에게] 말했다. "내 집에 어떤 사람도 거주하지 못하게 하고, 풀과 나무도 훼손하지 못하게 하라." 약탈자가 물러났을 때 그는 그 사람에게 전갈을 보냈다. "집의 담을 수리하라. 곧 돌아갈 것이다." 약탈자가 물러났을 때, [이에 따라] 증자가 돌아왔다. 그의 제자들이 말했다. "우리 선생님께서 지극한 진심과 공경을 받았는데, 백성들이 지켜보는데도 약탈자가 도착하자 제일 먼저 멀리 나가고, 그런 후 약탈자가 물러나자 돌아오는 것은, 저희가 보기에 적절하지 않은 것 같습니다." 심유행이 말했다. "너희들은 이 문제를 이해하지 못한다. 전에, 심유가 꼴을 나르는 자들의 도발에 노출되었을 때 우리 스승의 뒤를 따르는 제자가 70명이었지만 그들 중 누구도 이 싸움에 끼어들지 않았다."

1. Wû-ch'ăng, as in Analects, VI. xii. It appears below that Tsăng had opened a school or lecture-room in the place. Many understand that he had been invited to do so,—to be a 賓師, 'guest and teacher,'—by the commandant. Wû-ch'ăng is probably to be referred to a place in the district of 嘉祥 in the department of Yen-châu. It was thus in the south of Shan-tung. South from it, and covering the present Chiang-sâ and part of Cheh-chiang, were the possessions of Wû(吳) and Yüeh, all in Tsăng-tsze's time subject to Yüeh. See in the 集證, in loc., a somewhat similar incident in Tsăng's life (probably a different version of the same), in which the plunderers are from Lû. 曰, 無寓, 云云,—the translation needs to be supplemented here considerably to bring out the meaning. 薪 is explained in K'ang-hsî's Dictionary, with reference to this passage, by 草, grass or small plants generally. 寇退則曰,—this 曰 must = 'sent word to.' 牆屋,—we should rather expect 屋牆; but 屋 perhaps has to be taken in the sense of 'roof.' The two characters, however, ='house.' If 待 be translated actively, we must supply as a nominative— 'the governor of the city.' Ch'ăn(沈 is pronounced as 審; so commonly; but the point is doubtful; see the 集證, in loc.) yû Hsing is supposed to have been a disciple of Tsăng, and a native of Wû-ch'ang. The Ch'ăn-yû whom he mentions below was another person of the same surname with whom Tsăng and his disciples(從者=左右 above) were living. Perhaps he was the Head of the Ch'an-yu Family and Clan. 與, 4th ton. Ch'ăn-yû Hsing adduces this other case, as analogous to Tsăng's leaving Wû-chăng, intimating that he acted on a certain principle which justified his conduct.

1절 각주

무성(武城)은 『논어』 제6권 제12장을 보라. 아래에서 보면 증자가 그곳에서 학교 혹은 강의를 열었던 것으로 보인다. 많은 사람이 무성의 총관이 증자를 빈사(賓師, 손님과 스승)로 초대한 것으로 이해한다. 무성은 아마도 산동의 남쪽에 있는 연주부(兗州府)의 가상(嘉祥) 지역에 있는 곳으로 간주된다. 산동의 남쪽과 오늘날의 강소(江蘇)와 절강(浙江)의 일부에 이르는 땅을 오나라와 월나라가 장악하고 있었고, 증자의 시대에는 이 지역이 모두 월나라의 땅이었다. 『집증』(集證)을 보면, 노나라 사람인 증자의 삶에서 약탈자가 등장하는 다소 유사한 사건을 발견할 수 있다(동일 사건이지만 다른 이야기이다). '왈, 무우, 운운(曰, 無寓, 云云)'을 번역할 때 상당히 보충을 해야 했다. 『강희자전』은 이 문구와 관련해서, 신(薪)을 초(草), 즉 '풀' 또는 일반적 작은 식물로 설명한다. 구퇴즉왈(寇退則曰)에서 왈(曰)은 '~에 전갈을 보냈다'로 보아야 한다. 장옥(牆屋)은 옥장(屋牆)일 것으로 예상되지만, 옥(屋)은 아마도 '지붕'을 뜻하는 것으로 보아야 한다. 그러나 두 글자는 모두 '집'과 같다. 만약 대(待)를 능동으로 해석한다면 주격으로 '그 도시의 총관'을 보충해야 한다. 심유행(심[(沈]은 審[심]으로 발음되는데 매우 흔한 일이지만 그 점이 의심스럽다. 이는 『집증』(集證)을 보라)은 증자의 제자이자 무성 사람으로 추정된다. 본문에서 언급한 심유라는 자는 증자와 그의 제자들(從者=左右)과 함께 살고 있었던 동일한 성씨의 심유행과 다른 사람이다. 아마도 그는 심유 가문과 문중의 수장이었을 것이다. 여(與)는 4성조이다. 심유행은 이 사건을 증자가 무성을 떠나는 것과 유사한 예로 제시하여, 증자가 그의 행동을 정당화할 수 있는 어떤 원리에 따라 행동했음을 암시한다.

2. When Tsze-sze was living in Wei, there came a band from Ch'î to plunder. Some one said to him, 'The plunderers are coming;—why not leave this?' Tsze-sze said, 'If I go away, whom will the prince have to guard *the State* with?'

2. 伋 was Tsze-sze's name. 'Was living in Wei,'—i. e. was living and sustaining office. But the attack of Wei by Ch'î is not easily verified.

3. Mencius said, 'The philosophers Tsăng and Tsze-sze agreed in the principle of their conduct. Tsang was a teacher;—in the place of a father or elder brother. Tsze-sze was a minister;—in a meaner place. If the philosophers Tsang and Tsze-sze had exchanged places the one would have done what the other did.'

3. The reader can judge how far the defense of Tsăng's conduct is satisfactory.

2절

子思居於衛, 有齊寇, 或曰, 寇至, 盍去諸, 子思曰, 如伋去, 君
誰與守.

자사가 위나라에 살고 있었을 때, 제나라의 일당이 그곳을 약탈하러 왔다.
어떤 이가 그에게 말했다. "약탈자들이 오고 있으니 이곳을 떠나는 것이
어떻겠습니까?" 자사가 말했다. "내가 가면 제후가 누구와 [나라를] 지키
겠는가?"

2절 각주

급(伋)은 자사의 이름이다. "위나라에 살고 있었다."는 "그가 위나라에 살
며 관직에 있었다."는 의미이다. 그러나 제나라가 위나라를 공격한 사실은
쉽게 확인되지 않는다.

3절

孟子曰, 曾子子思同道, 曾子師也, 父兄也, 子思臣也, 微也,
曾子子思易地, 則皆然.

맹자가 말했다. "증자와 자사는 그들의 행동 원리에서 일치했다. 증자는
스승이었고 아버지 또는 맏형의 위치에 있었다. 자사는 대신으로 증자보다
상대적으로 미미한 자리에 있었다. 증자와 자사의 위치가 바뀌었더라도,
그들은 상대방이 했던 것을 했을 것이다."

3절 각주

독자는 증자의 행동을 옹호하는 맹자의 말이 얼마나 모양새가 빠지는지판
단할 수 있다.

CHAPTER XXXII

CH. 32. SAGES ARE JUST LIKE OTHER MEN.

The officer Ch'û said *to Mencius*, 'Master, the king sent persons to spy out whether you were really different from other men.' Mencius said, 'How should I be different from other men? Yâo and Shun were just the same as other men.'

  This Ch'û was a minister of Ch'î. We must suppose that it was the private manners and way of living of Mencius, which the king wanted to spy out, unless the thing occurred on Mencius's first arrival in Ch'î, and before he had any interview with the king.

제32장

성인들도 다른 사람들과 똑같다.

儲子曰, 王使人瞯夫子, 果有以異於人乎. 孟子曰, 何以異於人哉, 堯舜與人同耳.

저자가 [맹자에게] 말했다. "왕께서 사람을 보내 선생께서 다른 사람들과 정말로 다른지 염탐했습니다." 맹자가 말했다. "다른 사람과 제가 어찌 다르겠습니까? 요와 순도 다른 사람들과 똑같았습니다."

32장 각주

저자(儲子)는 제나라의 재상이었다. 이 일이 맹자가 제나라에 처음 도착했을 때와 왕과 면담을 하기 전에 발생한 것이 아니라면, 왕이 염탐하고 싶은 것은 맹자의 사적인 예절과 생활 방식이었다고 추정해야 한다.

CHAPTER XXXIII

CH. 33. THE DISGRACEFUL MEANS WHICH MEN TAKE TO SEEK FOR THEIR LIVING, AND FOR WEALTH.

제33장

어떤 사람들은 수치스러운 방식으로 생계와 부를 좇는다.

1. A man of Ch'î had a wife and a concubine, and lived together with them in his house. When their husband went out, he would get himself well filled with wine and flesh, and then return, and, on his wife's asking him with whom he ate and drank, they were sure to be all wealthy and honourable people. The wife informed the concubine, saying, 'When our good man goes out, he is sure to come back having partaken plentifully of wine and flesh. I asked with whom he ate and drank, and they are all, *it seems*, wealthy and honourable people. And yet no people of distinction ever come here. I will spy out where our good man goes.' *Accordingly*, she got up early in the morning, and privately followed wherever her husband went. Throughout the whole city, there was no one who stood or talked with him. At last, he came to those who were sacrificing among the tombs beyond the outer wall on the east, and begged what they had over. Not being satisfied, he looked about, and went to another party;—and this was the way in which he got himself satiated. His wife returned, and informed the concubine, saying, 'It was to our husband that we looked up in hopeful contemplation, with whom our lot is cast for life;—and now these are his ways!' On this, along with the concubine she reviled their husband, and they wept together in the middle hall. In the meantime the husband, knowing nothing of all this, came in with a jaunty air, carrying himself proudly to his wife and concubine.

1절

齊人有一妻一妾而處室者, 其良人出, 則必饜酒肉而後反, 其
妻問所與飲食者, 則盡富貴也, 其妻告其妾曰, 良人出, 則必饜
酒肉而後反, 問其與飲食者, 盡富貴也, 而未嘗有顯者來, 吾將
瞷良人之所之也, 蚤起, 施從良人之所之, 徧國中, 無與立談者,
卒之東郭墦間之祭者, 乞其餘, 不足, 又顧而之他, 此其爲饜足
之道也. 其妻歸告其妾曰, 良人者, 所仰望而終身也, 今若此,
與其妾訕其良人, 而相泣於中庭, 而良人未之知也, 施施從外
來, 驕其妻妾.

제나라 사람에게 아내와 첩이 있었는데 그들은 그의 집에서 함께 살았다.
남편이 밖에 나가서 술과 고기로 배를 꽉 채운 후 돌아오곤 하자, 그의 아
내가 누구와 먹고 마셨느냐고 물으면, 그는 함께 한 사람들이 모두 부유하
고 고귀한 사람들이라고 했다. 아내가 첩에게 이를 알리며 말했다. "우리
집 양반이 밖에 나가서 돌아올 때 분명 술과 고기를 잔뜩 먹고 돌아온다
네. 내가 누구와 먹고 마셨냐고 물었는데 그들은 모두 부유하고 명예로운
사람인 것 같네. 그런데 지금까지 명망 있는 사람이 우리 집에 온 적이 없
네. 나는 우리 집 양반이 어디로 가는지 염탐해야겠네." [이에] 아내는 아
침 일찍 일어나서 몰래 남편이 간 곳을 모두 따라 다녔다. 온 도시의 누구
도 그와 함께 서 있거나 말을 나누지 않았다. 마침내 그는 동쪽의 외벽 너
머 묘지 사이에 제사를 지내고 있는 사람들에게 가서 남은 음식을 달라고
구걸했다. 이것이 성에 차지 않자 그는 주위를 둘러보고 다른 무리를 찾아
갔다. 그는 이런 식으로 배를 채웠다. 아내가 돌아와서 첩에게 "우리가 평
생의 운명을 던져서 희망을 품고 우러러본 남편인데, 지금 그가 이런 식으
로 살아가고 있다니!"라고 하며 한탄했다. 이에 아내와 첩은 남편을 욕하며
중당에서 울었다. 이 모든 것을 전혀 모르는 남편은 잘난 척하며 들어와서
교만을 떨며 아내와 첩에게 갔다.

CHAPTER I

CH. 1. SHUN'S GREAT FILIAL PIETY: — HOW IT CARRIED HIM INTO THE FIELDS TO WEEP AND DEPLORE HIS INABILITY TO SECURE THE AFFECTION AND SYMPATHY OF HIS PARENTS.

1. Wan Chang asked *Mencius*, saying, '*When* Shun went into the fields, he cried out and wept towards the pitying heavens. Why did he cry out and weep?' Mencius replied, 'He was dissatisfied, and full of earnest desire.'

1. 號, 2nd tone, 'to cry out.' It has another signification in the same tone, 'to wail,' which would answer equally well. See the incident related in the Shû-ching, II. ii. 21, from which we learn that such behavior was a characteristic of his earlier life, when he was 'plowing' at the foot of the Lî hill, 旻天,—the name given to the autumnal sky or heavens. Two meanings have been assigned to 旻; 'the variegated,' with reference to the beautiful tints(文章) of matured nature; and 'the compassionate,' as if it were 愍, with reference to the decay of nature. This latter is generally acquiesced in. I have translated 于 by 'towards,' but the paraphrase in the 日講 is: 'He cried out and called upon pitying Heaven, that lovingly overshadows and compassionates this lower world, weeping at the same time.' 怨慕,—simply, 'he was murmuring and desiring.' The murmuring was at himself, but this is purposely kept in the background, and Chang supposed that he was murmuring at his parents.

제1장

순의 위대한 효심.
효자인 순은 밭에 가서 울며 부모의 애정과 연민을 얻지 못한 것을 한탄했다.

1절
萬章問曰, 舜往于田, 號泣于旻天, 何爲其號泣也. 孟子曰, 怨慕也.

만장이 맹자에게 물었다. "순임금은 밭에 들어갔을 [때], 연민하는 하늘을 향해 소리치며 울었다고 합니다. 왜 그는 소리치며 울었습니까?" 맹자가 대답했다. "그는 불만족스러웠고 간절한 소망이 많았기 때문이다."

1절 각주
호(號)는 2성조로 '소리치다'이다. 2성조로 '통곡하다'라는 다른 의미도 있다. 두 의미 모두 이 구절에 잘 어울린다. 『서경』「우서(虞書)순전(舜典)」제21절의 관련된 사건을 보면, 역산(歷山)의 기슭에서 '쟁기로 밭을 갈고 있었던' 초기 시절에 순의 행동의 특징은 이러했다. 민천(旻天)은 가을 창공 혹은 하늘에 붙여진 이름이다. 민(旻)에는 두 가지 의미가 있다. 하나는 무르익은 자연의 아름다운 색조(文章)를 가리켜 '다채롭다'라는 뜻이고, 다른 하나는 자연의 쇠락과 관련된 민(愍)처럼 '불쌍히 여기다'는 뜻이다. 일반적으로 후자의 의미인 것으로 받아들여진다. 나는 우(于)를 '~쪽으로'로 번역했지만 『일강』(日講)에서는 '그는 울부짖었고 연민하는 하늘이 아래 세상을 온통 사랑으로 덮고 불쌍히 여길 것을 요구하며 내내 눈물을 흘렸다'라고 의역한다. 원모(怨慕)는 단순히, '그가 불평하며 바라다'이다. 이 불평은 자기 자신을 향한 것이지만, 만장은 이를 의도적으로 누락하고 그가 부모에게 불평하고 있다고 가정한다.

2. Wan Chang said, 'When his parents love him, a son rejoices and forgets them not. When his parents hate him, though they punish him, he does not murmur. Was Shun then murmuring against his parents?' Mencius answered, 'Ch'ang Hsî asked Kung-ming Kâo, saying, "As to Shun's going into the fields, I have received your instructions, but I do not know about his weeping and crying out to the pitying heavens and to his parents." Kung-ming Kâo answered him, "You do not understand that matter." Now, Kung-ming Kâo supposed that the heart of the filial son could not be so free of sorrow. *Shun would say*, "I exert my strength to cultivate the fields, but I am thereby only discharging my office as a son. What can there be in me that my parents do not love me?"

2절

萬章曰, 父母愛之, 喜而不忘, 父母惡之, 勞而不怨, 然則舜怨
乎. 曰, 長息, 問於公明高曰, 舜往于田, 則吾旣得聞命矣, 號
泣于旻天, 于父母, 則吾不知也, 公明高曰, 是非爾所知也. 夫
公明高, 以孝子之心, 爲不若是恝, 我竭力耕田, 共爲子職而已
矣, 父母之不我愛, 於我何哉.

만장이 물었다. "부모가 아들을 사랑하면 아들은 기뻐 부모를 잊지 않습니다. 부모가 아들을 미워하여 벌을 주어도 아들은 불평하지 않습니다. 그러면 순은 [부모에게] 불평을 하고 있었던 것입니까?" 맹자가 대답했다. "장식이 공명고에게 '순이 밭에 간 것에 대해서는 가르침을 주셨지만, 순이 연민하는 하늘과 부모에게 울며 소리친 것에 대해서는 잘 모르겠습니다.'라고 말했다. 공명고가 장식에게 대답하길, '너는 이 문제를 이해하지 못한다'라고 했다. 공명고는 이 경우에 효자의 마음은 슬픔이 없을 리가 없다고 추정했다. [순은] '내가 온 힘을 다해 밭을 경작하는 것은 아들의 임무를 다하기 위한 것일 뿐이다. 내 안의 어떤 점 때문에 부모님은 나를 사랑하지 않는 것인가?'라고 [말했을 것이다].

2. 父母~不怨,ー see Analects, IV. xviii. Kung-ming Kâo is generally understood to have been a disciple of Tsǎng Shǎn, and Ch'ang Hsî again to have been a disciple of Kâo. 吾既得聞命, 'I have received your *commands*,'ー'commands,' said deferentially for 'instruction,' as in Bk. III. Pt. I. v. 5. 于父母 is also from the Shuー ching, though omitted above in par. 1. In translating we must reverse the order of 號泣, 'he wept and cried out,ー to heaven, to his parents.' 是非爾所知也,ー see Bk. IV. Pt. II. xxxi. 1. 不若是恝,ー'not so without sorrow,' i.e. not so, as common people would have it, and as Ch'ang Hsî thought would have right, that he could refrain from weeping and crying out. 我竭, 云云 are the thoughts supposed to pass through shun's mind. 共 = 拱, the 1st tone.

2절 각주

'부모~불원(父母~不怨)'은 『논어』 제4권 제18장을 보라. 공명고(公明高)는 증삼(曾參)의 제자이고 장식(長息)은 다시 공명고의 제자로 일반적으로 알려져 있다. 오기득문명(吾旣得聞命)은 '나는 당신의 [명]을 이미 받았습니다이다. 여기서 '명'은 제3권 제1편 제5장 제5절의 '명'처럼 '가르침'에 해당하는 의미로 경의를 표하기 위해 쓴 것이다. '우부모'(于父母)는 앞의 제1절에서는 생략되어 있지만 『서경』에서 인용한 것이다. 우리는 하늘과 그의 부모에게 호읍(號泣)하는 것을 '소리치고 울다'가 아니라 '울고 소리치다'로 바꾸어 번역해야 했다. 시비이소지야(是非爾所知也)는 제4권 제2편 제31장 제1절을 보라. 불약시괄(不若是怨)은 '슬픔이 없는 것이 아니다', 즉 순은 백성들이 슬퍼하듯이 슬퍼하지는 않았지만, 장식이 생각하듯이 울며 소리치는 것을 자제할 수 있을 정도로 슬프지 않았던 것도 아니었다는 것이다. 아갈 운운(我竭 云云)은 순임금의 마음속을 스쳐 지나갔을 것으로 추정되는 생각들이다. '공(共)'은 공(拱)으로 1성조이다.

3. 'The Tî caused his own children, nine sons and two daughters, the various officers, oxen and sheep, storehouses and granaries, *all* to be prepared, to serve Shun amid the channelled fields. Of the scholars of the kingdom there were multitudes who flocked to him. The sovereign designed that *Shun* should superintend the kingdom along with him, and then to transfer it to him entirely. But because his parents were not in accord with him, he felt like a poor man who has nowhere to turn to.

3. See the Shû-ching, I. par. 12, but the various incidents of the particular honours conferred on Shun, and his influence, are to be collected from the general history of him and Yâo. There is, however, an important discrepancy between Mencius's account of Shun, and that in the Shû-ching. There, when he is first recommended to Yâo by the high officers, they base their recommendation on the fact of his having overcome the evil that was in his parents and brother, and brought them to self-government. The Shû-ching, moreover, mentions only one son of Yâo, Tan Chú(丹朱), and says nothing of the nine who are hero said to have been put under the command of Yâo. They are mentioned, however, in the 'Historical Records,' 虞史記. 帝將胥天下=將與之胥(=相) 視天下. 而遷之=自移以與之. 不順於父母,—see IV. Pt. I. xxviii. 1.

3절

帝使其子九男二女, 百官牛羊倉廩備, 以事舜於畎畝之中, 天
下之士多就之者, 帝將胥天下而遷之焉, 爲不順於父母, 如窮
人無所歸.

요임금은 9명의 아들과 2명의 딸, 여러 명의 관리와 황소와 양, 창고와 곡
간을 [모두] 준비하여, 밭의 고랑 사이에서 일하는 순을 섬기게 했다. 나라
의 많은 학자가 그에게 몰려갔다. 요임금은 순과 함께 나라를 감독하다
그후 순에게 나라를 전부 맡길 것을 계획했다. 그러나 순의 부모가 그 의
견에 동의하지 않았기 때문에, 순은 기댈 곳이 전혀 없는 불쌍한 사람 같
이 보였다.

3절 각주

『서경』「우서(虞書)·요전(堯典)」제12절을 보라. 순에게 부여하는 특정한 영
예와 그의 영향력을 다룬 다양한 사건들은 순과 요를 다룬 다른 일반 역
사서에서도 찾아볼 수 있다. 그러나 맹자와 『서경』은 순에 관한 이야기에
서 중요한 차이를 보인다. 『서경』을 보면, 고관들이 순을 처음 요에게 추
천했을 때 순이 부모와 동생의 사악함을 극복하고 그들이 자기관리를 할
수 있게 이끌었다는 사실에 근거해서 추천했다. 게다가 『서경』은 요의 아
들인 단주(丹朱)만을 언급할 뿐 요의 명을 받았던 것으로 전해지는 9명에
대해서는 전혀 언급하지 않았다. 그러나 『사기·우사기(虞史記)』에서는 9명
의 아들이 언급되어 있다. 제장서천하(帝將胥天下)는 '장여지서[=상]시천하
(將與之胥[=相]視天下)', 즉 '장차 함께 나라를 살펴보다'이다. 이천지(而遷
之)는 자이이여지(自移以與之), 즉 '스스로 나라를 전해주다'이다. 불순어
부모(不順於父母)는 제4권 제1편 제18장 제1절을 보라.

4. 'To be delighted in by all the scholars of the kingdom, is what men desire, but it was not sufficient to remove the sorrow *of Shun*. The possession of beauty is what men desire, and *Shun* had for his wives the two daughters of the Tî, but this was not sufficient to remove his sorrow. Riches are what men desire, and the kingdom was the rich property *of Shun*, but this was not sufficient to remove his sorrow. Honours are what men desire, and *Shun* had the dignity of being sovereign, but this was not sufficient to remove his sorrow. The reason why the being the object of men's delight, with the possession of beauty, riches, and honours were not sufficient to remove his sorrow, was that it could be removed only by his getting his parents to be in accord with him.

4. 色,一色 is here = our 'a beauty,' ' beauties.' 妻, in 2nd tone, here as a verb, 'to wive,' 'to have for wife.' Observe the force of 者, leading on to what follows as the explanation of the preceding circumstances.

4절

天下之士悅之, 人之所欲也, 而不足以解憂, 好色, 人之所欲, 妻帝之二女, 而不足以解憂, 富, 人之所欲, 富有天下, 而不足以解憂, 貴, 人之所欲, 貴爲天子, 而不足以解憂, 人悅之, 好色, 富貴, 無足以解憂者, 惟順於父母, 可以解憂.

왕국의 모든 학자가 기뻐한다는 것은 사람들이 원한다는 것이다. 그러나 이것으로는 [순임금의] 슬픔을 없애기에 충분하지 않았다. 미인을 얻은 것은 사람들이 원하는 것이다. 순은 요임금의 두 딸을 아내로 삼았지만, 이것은 순의 슬픔을 없애기에 충분하지 않았다. 부는 사람들이 원하는 것이다. 왕국이 순임금의 풍부한 자산이었지만 이것은 그의 슬픔을 없애기에 충분하지 않았다. 명예는 사람들이 원하는 것이다. 순임금은 군주라는 최고의 자리에 올랐지만, 이것은 그의 슬픔을 없애기에 충분하지 않았다. 사람들의 기쁨의 대상이 되고 미인과 부와 명예를 소유하더라도 그의 슬픔이 충분히 없어지지 않았던 이유는 순의 슬픔은 오로지 부모와 그가 일치할 때에만 제거될 수 있기 때문이었다.

4절 각주

색(色)은 여기서 '미인' '미인들'이다. 처(妻)는 2성조로 여기서 동사로 '아내로 삼다' '아내로 가지다'이다. 자(者)의 힘은 앞의 상황에 대한 설명이 뒤에도 이어진다는 점을 보여준다.

5. 'The desire of the child is towards his father and mother. When he becomes conscious of the attractions of beauty, his desire is towards young and beautiful women. When he comes to have a wife and children, his desire is towards them. When he obtains office, his desire is towards his sovereign:—if he cannot get the regard of his sovereign, he burns within. *But* the man of great filial piety, to the end of his life, has his desire towards his parents. In the great Shun I see the case of one whose desire at fifty year's was towards them.'

5. 少,—4th tone, 'young,' 'little.' 好色,—the term has a different acceptation from that in the preceding paragraph, though I have translated it in the same way. 艾,—in the sense of 美, 'beautiful.'

5절

人少則慕父母, 知好色則慕少艾, 有妻子則慕妻子, 仕則慕君,
不得於君則熱中, 大孝, 終身慕父母, 五十而慕者, 予於大舜見
之矣.

어린 자식의 욕망은 아버지와 어머니를 향한다. 미인의 매력을 의식하게
될 때, 그의 욕망은 젊고 아름다운 여인을 향한다. 아내와 자식을 가지게
될 때, 그의 욕망은 그들을 향한다. 관직을 얻으면 그의 욕망은 군주를 향
한다. 군주의 사랑을 얻지 못하면 그는 속이 탄다. [그러나] 생이 끝날 때
까지 큰 효자의 욕망은 부모를 향한다. 나는 위대한 순임금에게서 나이
50세에도 그의 욕망이 부모를 향하는 사례를 본다."

5절 각주

소(少)는 4성조로 '어린' '작은'이다. 호색(好色)은 비록 앞의 절의 색과 동
일하게 번역했지만, 그 의미는 다르다. 애(艾)는 미(美)의 의미로 '아름답
다'는 뜻이다.

3. Shun's half brother is understood to have been the instigator in the attempts on his life here mentioned. The incidents, however, are taken from tradition, and not from the Shû-ching. Shun covered himself with two bamboo screens, and made his way through the fire. In the second case, he found a hole or passage in the side of the wall, and got away by means of it. 都君,─it is mentioned in the last chapter, how the scholars of the kingdom flocked to Shun. They say that if he lived in one place for a year, he formed a 聚, or 'assemblage'; in two years, he formed a 邑, or 'town,' and in three, a 都, or 'capital.' With reference to this, Hsiang calls him 都君. 朕, now confined to the royal WE, was anciently used by high and low. 弤, 'a carved bow,' said to have been given to Shun by Yâo, as a token of his associating him with him on the throne. 二嫂,─literally, 'the two sisters-in-law.' 棲 = 牀, a 'bed,' or 'couch.' 鬱陶思君爾,─爾=耳, as a final particle, 'only.' The expression literally is,─'with suppressed anxiety thinking of you only.'

3절 각주

여기서 언급되는 순의 이복동생은 순의 목숨을 앗고자 하는 음모의 선동자로 보인다. 그러나 그 사건은 전설에 의한 것이지 『서경』에 들어있지는 않는다. 순은 두 개의 대나무 병풍을 덮어쓰고 불길을 뚫고 나왔다. 두 번째 경우에 그는 우물 옆에서 구멍이나 길을 발견하고 이곳을 통해 밖으로 나왔다. 도군(都君)에 대해서는 제1장에서 왕국의 학자들이 어떻게 순에게 몰려들었는가를 언급한다. 그들은 그가 일 년 동안 한곳에 산다면 그는 취(聚) 즉 '무리'(assemblage)를, 2년 동안이면 읍(邑) 즉 '소도시'를, 삼 년이면 도(都) 즉 수도를 형성했다고 말한다. 이와 관련해서, 상은 순을 도군(都君)으로 불렀다. 짐(朕)은 오늘날 제왕에 한정해서 사용되지만 지위가 높은 자와 낮은 자에게 모두 사용된 글자이다. 저(弤)는 '조각된 활'로 요가 순에게 왕위를 함께한 것에 대한 감사의 표시로 준 것이라 한다. 이수(二嫂)는 문자 그대로 '두 이복 자매'이다. 서(棲)는 상(牀)으로 '침대' 혹은 '침상'이다. 울도사군이(鬱陶思君爾)에서 이(爾)는 이(耳)의 의미인 마지막 어조사로 '단지'를 뜻한다. 이 표현은 문자 그대로, '너만을 생각하느라 근심에 짓눌려 있다'라는 뜻이다.

4. *Chang* said, 'In that case, then, did not Shun rejoice hypocritically?' Mencius replied, 'No. Formerly, some one sent a present of a live fish to Tsze-ch'an of Chăng. Tsze-ch'an ordered his pond-keeper to keep it in the pond, but that officer cooked it, and reported the execution of his commission, saying, "When I first let it go, it embarrassed. In a little while, it seemed to be somewhat at ease, then it swam away joyfully." Tsze-ch'an observed, "It had got into its element! It had got into its element!" The pond-keeper then went out and said, "Who calls Tsze-ch'an a wise man? After I had cooked and eaten the fish, he says, "It had got into its element! It had got into its element!" Thus a superior man may be imposed on by what seems to be as it ought to be, but he cannot be entrapped by what is contrary to right principle. Hsiang came in the way in which the love of his elder brother would have made him come; therefore *Shun* sincerely believed him, and rejoiced. What hypocrisy was there.'

4절

曰, 然則舜僞喜者與. 曰, 否, 昔者, 有饋生魚於鄭子産, 子産
使校人畜之池, 校人烹之, 反命曰, 始舍之, 圉圉焉, 少則洋洋
焉, 攸然而逝, 子産曰, 得其所哉, 得其所哉, 校人出曰, 孰謂
子産智, 予旣烹而食之, 曰, 得其所哉, 得其所哉, 故君子可欺
以其方, 難罔以非其道, 彼以愛兄之道來, 故誠信而喜之, 奚僞
焉.

[만장이] 물었다. "그러면 순이 기뻐한 것은 가식이었습니까?" 맹자가 대
답했다. "아니다. 예전에, 어떤 이가 살아있는 물고기를 정나라의 자산에게
선물로 보냈다. 자산은 연못 관리인에게 시켜 그 물고기를 연못에 두라고
했지만, 관리인은 물고기를 잡아먹고 일의 처리를 보고하며, '제가 처음
물고기를 놓아주었을 때 물고기가 당황한 것처럼 보였습니다. 잠시 후 조
금 편안한 것처럼 보이더니 즐겁게 헤엄치며 갔습니다.'라고 말했다. 자산
이 '물고기가 원래 있던 곳으로 들어갔구나! 원래 있던 곳으로 들어갔구
나!'라고 말했다. 연못 관리인은 나가서 '누가 자산이 현명한 사람이라고
그랬느냐? 내가 물고기를 요리해서 먹었는데도 '그것이 원래 있던 곳으로
들어갔구나! 원래 있던 곳으로 들어갔구나!'라고 말했다. 이리하여 당연히
있어야 하는 것처럼 보이는 듯한 것으로 군자를 강제할 수는 있지만, 올
바른 원리와 상반되는 것으로 군자에게 덫을 놓을 수는 없다. 상은 형에
대한 사랑이 있으면 오게 되는 그 길로 왔다. 그래서 [순은] 진심으로 그
를 믿었고 기뻐했다. 거기에 어떤 위선이 있겠는가?"

4. 校(read *hsiâo*, 4th tone) 人is taken by all the commentators, as 主池沼小吏, 'a small officer over the ponds,' but I do not know that this meaning of the phrase is found elsewhere. 反命,─as in Bk. III. Pt. I. ii. 故君子可欺, 云云,─compare Analects, VI. xxiv. 以其方,─'by its class,' the meaning being as in the translation.─Chû Hsî says:─'Mencius says that Shun knew well that Hsiang wished to kill him, but when he saw him sorrowful, he was sorrowful, and when he saw him joyful, he was joyful. The case was that his brotherly feeling could not be repressed. Whether the things mentioned by Wan Chang really occurred or not, we do not know. But Mencius was able to know and describe the mind of Shun, and that is the only thing here worth discussing about.'

4절 각주

교인(校人)의 교(校)는 4성조로 [교]로 읽힌다. 모든 주석가가 교인(校人)을 주지소소리(主池沼小吏) 즉 '연못을 관리하는 하급 관리'로 해석한다. 그러나 나는 이 구가 이런 의미로 쓰이는 것을 다른 곳에서 발견하지 못했다. 반명(反命)은 제3권 제1편 제2장 제3절과 같다. '고군자가기, 운운(故君子可欺, 云云)'은 『논어』 제6권 제24장과 비교하라. 이기방(以其方)은 '그 분류로'로, 그 의미는 번역과 같다. 주희는 이를 다음과 같이 말한다. '맹자의 요지는 순임금은 상이 자기를 죽이고 싶어 한다는 것을 잘 알았지만, 순임금은 상이 슬퍼하는 것을 보았을 때 그도 슬프고 상이 즐거울 때 그도 즐거웠다는 것이다. 이는 순임금이 형제애를 누를 수 없었음을 보여주는 사례이다. 만장이 언급한 일이 실제로 일어났는지 아닌지 우리는 모른다. 그러나 맹자는 순임금의 마음을 알고 기술할 수 있었다. 그것이 여기서 논의할 가치가 있는 유일한 것이다.'

CHAPTER III

CH. 3. EXPLANATION AND DEFENCE OF SHUN'S CONDUCT IN THE CASE OF HIS WICKED BROTHER HSIANG;—HOW HE BOTH DISTINGUISHED HIM, AND KEPT HIM UNDER RESTRAINT.

1. Wan Chang said, 'Hsiang made it his daily business to slay Shun. When *Shun* was made sovereign, how was it that he *only* banished him?' Mencius said, 'He raised him to be a prince. Some supposed that it was banishing him?'

  1. 放 = 置, 'to place,' with the idea of keeping in the place = 'to banish.' Chang's thought was that Hsiang should have been put to death, and not merely banished. 或曰,—it seems best to understand 曰 as meaning 'supposed,' and not 'said.'

제3장

맹자는 순임금이 사악한 동생인 상을 우대하면서도 계속해서 자제시켰다고 말하며 순이 상에게 한 행동을 옹호한다.

1절
萬章問曰, 象日以殺舜爲事, 立爲天子, 則放之, 何也, 孟子曰, 封之也, 或曰放焉.

만장이 물었다. "상은 순을 시해하는 것을 일상으로 삼았습니다. [순이] 천자가 되었을 때, 순이 그를 추방[만]한 것은 어째서입니까?" 맹자가 대답했다. "그는 상을 올려 제후로 만들었다. 누가 그를 추방한 것으로 추정했는가?"

1절 각주
방(放)은 치(置)로 그 장소에 계속 두고 '위치시키다'라는 것으로 '추방하다'와 같은 뜻이다. 만장은 상을 추방할 뿐만 아니라 사형시켜야 했다고 생각한다. 혹왈(或曰)의 왈(曰)은 '말해진'이 아닌 '추정된'을 의미하는 것으로 이해하는 것이 가장 좋은 것 같다.

2. Wan Chang said, 'Shun banished the superintendent of works to Yû-châu; he sent away Hwan-tâu to the mountain Ch'ung; he slew *the prince of* San-miâo in San-wei; and he imprisoned Kwân on the mountain Yü. When the crimes of those four were thus punished, the whole kingdom acquiesced:─it was a cutting off of men who were destitute of benevolence. But Hsiang was *of all men* the most destitute of benevolence, and *Shun* raised him to be the prince of Yû-pî;─of what crimes had the people of Yû-pî been guilty? Does a benevolent man really act thus? In the case of other men, he cut them off; in the case of his brother, he raised him to be a prince.' *Mencius* replied, 'A benevolent man does not lay up anger, nor cherish resentment against his brother, but only regards him with affection and love. Regarding him with affection, he wishes him to be honourable: regarding him with love, he wishes him to be rich. The appointment *of Hsiang* to be the prince of Yû-pî was to enrich and ennoble him. If while *Shun* himself was sovereign, his brother had been a common man, could he have been said to regard him with affection and love?'

2절

萬章曰, 舜流共工于幽州, 放驩兜于崇山, 殺三苗于三危, 殛鯀
于羽山, 四罪而天下咸服, 誅不仁也, 象至不仁, 封之有庳, 有
庳之人, 奚罪焉, 仁人, 固如是乎, 在他人則誅之, 在弟則封之.
曰, 仁人之於弟也, 不藏怒焉, 不宿怨焉, 親愛之而已矣, 親之,
欲其貴也, 愛之, 欲其富也, 封之有庳, 富貴之也, 身爲天子,
弟爲匹夫, 可謂親愛之乎.

만장이 물었다. "순이 작업 감독관을 유주로 추방했고, 환도를 숭산으로
멀리 보내었고, 삼위에서 삼묘의 [제후]를 죽이고, 곤을 우산에 가두었습니
다. 네 사람의 범죄를 이렇게 처벌했을 때, 온 왕국이 이를 묵인했습니다.
이는 인이 부족한 사람들을 처단한 것이었습니다. 그러나 상은 [모든 사람
가운데서도] 인이 가장 부족한 사람이었는데도 [순은] 그를 높이어 유비의
제후로 만들었습니다. 유비의 백성들은 무슨 죄입니까? 어진 사람이 정말
이렇게 행동하는지요? 다른 사람의 경우에는 그들을 죽이고, 동생의 경우
에는 그를 올려 제후가 되게 했습니다." 맹자가 대답했다. "어진 사람은
동생에 대한 화를 쌓아 두지 않고, 분노를 키우지도 않고, 단지 그를 애정
과 사랑으로 바라본다. 그를 애정으로 바라보며 그가 훌륭해지기를 원한
다. 즉 그를 사랑으로 바라보고 그가 부유해지기를 원한다. 상을 유비의
제후로 임명한 것은 상을 부유하고 귀하게 한 것이었다. 만약 [순] 그 자
신은 군주가 되었지만, 동생이 평민이었다면, 순이 동생을 애정과 사랑으
로 바라보았다고 말할 수 있겠는가?"

2. The different individuals mentioned here are all spoken of in the Shû-ching, Pt. II. i. 12, which see. 共工 is a name of office. The surname or name of the holder of it is not found in the Shû-ching. Hwan-tâu was the name of the 司徒, 'Minister of Instruction.' He appears in the Shû-ching, as the friend of the 共工, recommending him to Yâo; hence Chû Hsî says that these two were confederate in evil. 三 苗 is to be understood, in the text, as '*the prince* of San Miâo,' which was the name of a State, near the Tung-t'ing lake, embracing the present department of 岳州, and extending towards Wû-ch'ang. K'wan was the name of the father of Yü. The places mentioned are difficult of identification. Yü-pî is referred to the present 道州, and the district of Ling-ling, in the department of 永州, in Hû-nan. 殛 is said by Chû Hsî to = 誅, 'to cut off,' but that is too strong. 四罪=治此四凶之罪, taking 罪 as meaning 'crimes.' 服, 'submitted,' i. e. acknowledged the justice of the punishments inflicted. 在他人~誅之 appears to be incomplete, as if Mencius had not permitted his disciple to finish what he had to say. 宿 怨, 'to lodge, as if for a night, resentment' ; compare 宿諾, Analects, XII. xii. 2.

2절 각주

여기서 언급된 다른 사람들은 『서경』에 모두 나온다. 『서경』「우서(虞書)·순전(舜典)」제12절을 보라. 공공(共工)은 관직의 이름이다. 이 관직을 가지고 있는 자의 성 또는 이름은 『서경』에서 발견되지 않는다. 환도(驩兜)는 사도(司徒), 즉 '교육부 장관'의 이름이다. 『서경』을 보면 환도는 공공(共工)의 친구로 그를 요임금에게 추천했다. 주희는 이 두 사람이 악의 공범자이었다고 말한다. 삼묘(三苗)는 이 글에서 '삼묘의 [제후]'로 보아야 한다. 삼묘는 현재의 악주(岳州)를 포함하고 무창(武昌)까지 이어지는 동정호(洞庭湖) 근처의 한 제후국의 이름이다. 곤은 요의 아버지의 이름이었다. 언급된 장소는 확인하기 어렵다. 유비는 오늘날의 도주(道州)와 호남성 영주(永州)부 영릉현을 가리킨다. 주희는 극(殛)을 주(誅), '베다'로 풀이하지만 그러면 의미가 너무 강해진다. 사죄(四罪)는 치차사흉지죄(治此四凶之罪)로, 죄(罪)는 '범죄들'을 의미한다. 복(服)은 '항복하는' 즉 가해진 처벌의 정당성을 인정하는 것이었다. '재타인~주지(在他人~誅之)'는 마치 맹자가 만장이 해야 할 말을 끝내는 것을 허락하지 않았던 것처럼 불완전해 보인다. 숙원(宿怨)은 '마치 하룻밤을 보내듯이 분개심을 유숙하게 하다'로 『논어』 제12권 제12장 제2절의 숙락(宿諾)과 비교하라.

2. 舜之不臣堯 is not to be taken with reference to the phrase 君不得而 臣, but to the general scope of the preceding paragraph, and especially to Mencius's explanation. The restricting it to the former, in opposition to the maxim—不以辭害志, has led to the erroneous view of the whole passage animadverted on above. Măng is now convinced that it was only on Yâo's death that Shun became full sovereign, but after that event there still remained the relation between him and Kû-sâu, and how could he be at once sovereign and son to him ? How was it that Kû-sâu would be at once father and subject to him? 詩云,—see the Shih —ching, ll. vi. Ode I, st.2. 雲漢之詩,—see the Shih-ching, III, iii. Ode IV. st. 3. 志,—'the scope,' i. e. the mind or aim of the writer.

2절 각주

순지불신요(舜之不臣堯)는 군부득이신(君不得而臣)이 아닌, 단지 앞 절 전체, 특히 맹자의 설명을 가리키는 것으로 보아야 한다. 군부득이신(君不得而臣)으로 제한하면 격언인 불이사해지(不以辭害志)와 반대되는 의미가 되어 위에서 비판한 전체 문구에 대한 잘못된 해석으로 이어지게 된다. 함구몽은 이제 순이 완전한 군주가 된 것은 오로지 요가 사망한 이후라고 확신하게 되었다. 그러나 몽은 그 사건 이후에도 순과 고수의 관계가 여전히 남아 있어 어떻게 순이 고수의 군주이자 아들이 될 수 있었는지 그리고 어떻게 고수는 순의 아버지이자 신하가 되었는지를 묻고 있다. 시운(詩云)은 『시경』「소아(小雅)·북산지십(北山之什)·북산(北山)」제2연을 보라. 운한지시(雲漢之詩)는 『시경』「대아(大雅)·탕지십(蕩之什)·운한(雲漢)」제3연을 보라. 지(志)는 '의미'로 저자의 정신 또는 목적을 말한다.

3. 'Of all which a filial son can attain to, there is nothing greater than his honouring his parents. And of what can be attained to in the honouring one's parents, there is nothing greater than the nourishing them with the whole kingdom. Kû-sâu was the father of the sovereign;—this was the height of honour. *Shun* nourished him with the whole kingdom; —this was the height of nourishing. In this was verified the sentiment in the Book of Poetry,

"Ever cherishing filial thoughts,
Those filial thoughts became an example to *after ages*."

3. 詩曰,—see the Shih-ching, III, i, Ode IX, st. 3, celebrating the praises of king Wû.—This paragraph shows that Shun, by his exaltation, honoured his father only the more exceedingly. He was the more a 'son' to Kû-sâu.

3절

孝子之至, 莫大乎尊親, 尊親之至, 莫大乎以天下養, 爲天子父,
尊之至也, 以天下養, 養之至也, 詩曰, 永言孝思, 孝思維則,
此之謂也.

효자가 할 수 있는 가장 큰 업적은 부모를 명예롭게 하는 것이다. 부모를
명예롭게 하는 것 가운데 천하로 봉양하는 것보다 더 큰 일은 없다. 고수
는 군주의 아버지이니 최정점의 명예를 얻었다. 순은 천하로 고수를 봉양
했으니 최정점의 봉양을 하였다. 『시경』은 그 취지를 이렇게 노래했다.

> '효도하는 마음을 항상 소중히 하니,
> 효도하는 마음이 [후세대의] 본보기가 되었다.'

3절 각주

시왈(詩曰)은 왕의 업적을 기리는 『시경』「대아(大雅)·문왕지십(文王之什)·하
무(下武)」제3연을 보라. 이 절은 순이 그의 존귀함으로 아버지를 더 명예
롭게 하였다는 것을 보여준다. 그는 고수에게 '한 명의 아들' 이상이었다.

4. 'It is said in the Book of History, "Reverently performing his duties, he waited on Kû-sâu, and was full of veneration and awe. Kû-sâu also believed him and conformed to virtue."—This is the true case of the scholar of complete virtue not being treated as a son by his father.'

4.書曰,—see the Shû-ching, II. ii. 15. 齊(read *chái*)栗(the classic has 慄), —this seems to be a supplement by Mencius, as if he said, 'There is indeed a meaning in that saying that a scholar of complete virtue cannot be treated as a son by his father, for in the case of Shun and Kû-sâu we see that the father was affected by the son, and not the son by the father.'

4절

書曰, 祗載見瞽瞍, 夔夔齊栗, 瞽瞍亦允若, 是爲父不得而子也.

『서경』에 이르길, '순은 의무를 경건하게 수행하면서 고수를 존경심과 경외심으로 섬겼다. 고수 또한 순을 믿고 덕에 순응했다'라고 하였다. 이것이야말로 아버지가 [완벽한 덕을 지닌 학자를] 아들로 대하지 않는 [진정한] 사례이다."

4절 각주

서왈(書曰)은 『서경』「우서(虞書)·대우모(大禹謨)」제15절을 보라. 재율(齊栗[栗이 『서경』에서는 慄로 되어 있다])은 맹자가 보충한 것으로 보인다. 마치 맹자가 '순과 고수의 사례에서 우리는 아버지가 아들에게 영향을 받고 아들이 아버지에게 영향을 받지 않았다는 것을 알기 때문에 완벽한 덕을 소유한 학자는 아버지에게 아들로 대우받을 수 없다고 한 그 말에는 사실상 어떤 의미가 있다라고 말하는 것 같다.

CHAPTER V

CH. 5. How SHUN GOT THE THRONE BY THE GIFT OF HEAVEN. VOX POPULI vox DEI.

1. Wan Chang said, 'Was it the case that Yâo gave the throne to Shun?' Mencius said, 'No. The sovereign cannot give the throne to another.'

1. 有諸,ー see Bk. I. Pt. II. ii, = 有之乎.

제5장

맹자는 순임금이 어떻게 하늘의 선물로 왕위에 올랐는지를 논한다.
민심은 천심이다.

1절
萬章曰, 堯以天下與舜, 有諸, 孟子曰, 否, 天子不能以天下與
人.

만장이 물었다. "요가 순에게 왕위를 준 그 경우였습니까?" 맹자가 말했
다. "아니다. 천자는 다른 사람에게 왕위를 줄 수 없다."

1절 각주
유저(有諸)는 제1권 제2편 제2장 제2절의 '유지호'(有之乎)를 보라.

2. 'Yes;—but Shun had the throne. Who gave it to him?' 'Heaven gave it to him,' was the answer.

2. 天與之,—is it not plain that by 'Heaven' in this chapter we are to understand God? Many commentators understand by it 理, 'reason,' or 'the truth and fitness of 天,' saving in the expression—故曰天 in par. 7, where they take it as =數, 'fate.'' On this the author of the 四書諸儒輯要, 'A collection of the most Important Comments of the Learned on the Four Books,' says—虛齋獨以此一天字指數言, 其餘天字指理言, 大謬. 此章天字以上帝之主宰言, 理與數皆在其中, 'Hsü-châi supposes that in this one case (故曰天) the word Heaven means fate. But this is a great error. In this chapter 'Heaven' signifies the government of God, within which are included both reason and fate.'

2절

然則舜有天下也, 孰與之乎. 曰, 天與之.

"그렇습니다. 그런데 순은 왕위에 올랐습니다. 누가 그에게 왕위를 주었습니까?" 맹자가 대답했다. "하늘이 그에게 왕위를 주었다."

2절 각주

이 장에서 천여지(天與之)의 천(天)은 '하나님(God)'으로 보아야 맞지 않는가? 여러 주석가들은 이 천(天)을 리(理), 즉 '이성' 혹은 '진리와 사물의 적합성'으로 이해한다(단 제7절의 '고왈천(故曰天)'의 천(天)을 수(數), '운명'으로 보아야 한다). 이에 대해 『사서제유집요』(四書諸儒輯要)[32]의 저자는 '虛齋獨以此一天字指數言, 其餘天字指理言, 大謬. 此章天字以上帝之主宰言, 理與數皆在其中,' 즉 '허재는 '故曰天' 한 사례에서만 天(Heaven)이 운명을 의미하며 나머지 天은 모두 이성(理)을 가리킨다고 추정한다. 그러나 이것은 허재가 크게 잘못 본 것이다. 이 장에서 天은 하나님(God)의 통치를 뜻하고, 그 안에 이성(理)과 운명(數)이 모두 포함된다'로 풀이한다.

---

32) (역주) 『사서제유집요』(四書諸儒輯要)는 청나라 때의 이패림(李沛霖)의 저술이다.

3. "'Heaven gave it to him:"—did *Heaven* confer its appointment on him with specific injunctions?'

  3. 天與之者,—者,= 'as to what you say.' 諄(the 1st tone)諄然,—'with repetitions.'—The paraphrase in the 日講 is:—'As to what you say, *Heaven gave it to him*, did Heaven indeed express its instructions and commands to him again and again? If it did not do so, where is the ground for what you say'?

4. *Mencius* replied, 'No. Heaven does not speak. It simply showed its will by his personal conduct and his conduct of affairs.'

  4. 行,—4th tone, 'conduct,' as opposed to 事, 'the conduct of affairs." 示 之, 'showed it,' i. e. its will to give him the throne. The character 示 takes here the place of 命, because 命 would require the use of language, whereas 示 is the simple indication of the will.

3절

天與之者, 諄諄然命之乎.

"'하늘이 그에게 왕위를 주었다'라는 선생님의 말씀은, [하늘이] 구체적인 명을 가지고 그를 왕에 임명했다는 것입니까?"

3절 각주

천여지자(天與之者)에서 자(者)는 '당신이 말한 것에 대해서'이다. 순순연 (諄[1성조]諄然)은 '반복해서'로 『일강』(日講)에서는 "당신이 말한 [하늘이 왕위를 그에게 주었다]는 것에 대해, 하늘이 사실상 그에게 거듭 반복해서 지시와 명령을 표현했습니까? 하늘이 그렇게 하지 않았다면 당신이 말한 것의 근거는 어디에 있습니까?"라고 의역했다.

4절

曰, 否, 天不言, 以行與事, 示之而已矣.

[맹자가] 대답했다. "아니다. 하늘은 말하지 않는다. 하늘은 그 뜻을 그의 사적인 행동과 일 처리로 보여줄 뿐이다."

4절 각주

행(行)은 4성조로 '행위'이고 사(事) 즉 '일 처리'와 대립된다. 시지(示之)는 '그것을 보여주었다'라는 의미이다. 즉 그에게 왕위를 주고자 하는 하늘의 의지를 보여주었다는 것이다. 시(示)는 여기서 명(命) 대신 쓰인 것이다. 왜냐하면 시(示)는 의지의 단순한 암시지만 명(命)은 언어의 사용을 요구 하기 때문이다.

8. 'This sentiment is expressed in the words of The Great Declaration,—
"Heaven sees according as my people see; Heaven hears according as my
people hear."'

8. 太誓曰,—see the Shû-ching, V. i. Sect. II. 7.

8절

太誓[35]曰, 天視自我民視, 天聽自我民聽, 此之謂也.

「태서」는 이 의미를 '하늘은 백성들이 보는 대로 본다. 하늘은 백성이 듣는 대로 듣는다.'라는 말로 표현했다."

8절 각주

'태서왈'(太誓曰)은 『서경』「주서(周書)·태서중(泰誓中)」제7절을 보라.

---

35) (역주) 레게의 맹자 원문과 각주에는 '泰誓'로 되어있으나 의미는 같다. 太誓=泰誓

CHAPTER VI

CH. 6. HOW THE THRONE DESCENDED FROM Yü TO HIS SON, AND NOT TO HIS MINISTER Yî; THAT Yü WAS NOT TO BE CONSIDERED ON THAT ACCOUNT AS INFERIOR IN VIRTUE TO YAO AND SHUN.

1. Wan Chang asked *Mencius*, saying, 'People say, "When *the disposal of the kingdom* came to Yü, his virtue was inferior *to that of Yâo and Shun*, and he transmitted it not to the worthiest but to his son." Was it so?' Mencius replied, 'No; it was not so. When Heaven gave the kingdom to the worthiest, it was given to the worthiest. When Heaven gave it to the son *of the preceding sovereign*, it was given to him. Shun presented Yü to Heaven. Seventeen years elapsed, and Shun died. When the three years' mourning was expired, Yü withdrew from the son of Shun to Yang-ch'ang. The people of the kingdom followed him just as after the death of Yâo, instead of following his son, they had followed Shun. Yü presented Yî to Heaven. Seven years elapsed, and Yü died. When the three years' mourning was expired, Yî withdrew from the son of Yü to the north of mount Ch'î. The *princes*, repairing to court, went not to Yî, but they went to Ch'î. Litigants did not go to Yî, but they went to Ch'î, saying, "He is the son of our sovereign;" the singers did not sing Yî, but they sang Ch'î, saying, "He is the son of our sovereign."

제6장

우임금이 왕위를 신하인 익이 아닌 아들에게 양위하였다. 맹자는 이에 대해 논하면서 우가 아들에게 왕위를 물려주었다고 해서 우가 요와 순보다 아래에 있는 것으로 보아서는 안 된다고 말한다.

1절

萬章問曰, 人有言, 至於禹而德衰, 不傳於賢而傳於子, 有諸, 孟子曰, 否, 不然也, 天與賢則與賢, 天與子則與子, 昔者, 舜薦禹於天十有七年, 舜崩, 三年之喪畢, 禹避舜之子於陽城, 天下之民, 從之, 若堯崩之後, 不從堯之子而從舜也, 禹薦益於天七年, 禹崩, 三年之喪畢, 益避禹之子於箕山之陰, 朝覲訟獄者, 不之益而之啓曰, 吾君之子也, 謳歌者, 不謳歌益而謳歌啓曰, 吾君之子也.

만장이 맹자에게 물었다. "백성들이 말하길, '[왕국의 양위권이] 우에게 왔을 때 그의 덕은 [요와 순보다 못하여] 현자가 아닌 아들에게 왕위를 물려주었다'라고 하는데 그런 것이었습니까?" 맹자가 대답했다. "아니다. 그렇지 않았다. 하늘이 왕국을 현인에게 주었을 때, 그것은 현인에게 주어졌다. 하늘이 그것을 [선대 군주의 아들에게] 주었을 때, 그것은 선대 군주의 아들에게 주어졌다. 순은 우를 하늘에 주었다. 17년이 지난 후 순이 사망했다. 우는 삼년상이 끝난 후 순의 아들에게서 물러나 양성으로 갔다. 왕국의 백성들이 요가 사망 한 후 요의 아들 대신 순을 따랐던 것처럼 우를 따랐다. 우는 익을 하늘에 주었다. 7년이 지난 후 우가 사망하고 삼년상이 끝난 후 익은 우의 아들에게 물러나 기산의 북쪽으로 갔다. [제후들은] 조정에 갈 때 익에게 가지 않고 계에게 갔다. 소송하는 사람들은 익에게 가지 않고 계에게 가며 '그는 우리 군주의 아들이다'라고 말했다. 노래하는 이들은 익을 노래하지 않고 계를 노래하며, '그는 우리 군주의 아들이다'라고 말했다.

1. 至於,一'coming to;' we must understand, 'From Yâo and Shun,' or translate somehow as I have done. Some say that 與賢, 與子 are not to be taken with special reference to Shun and Yü, and to Ch'î, but it seems best to do so. A general inference may be drawn as well from the special cases. 有諸,'was it so?' i. e. was his virtue inferior, and his transmitting the throne to his son a proof that it was so? 昔者,一omitted in translating, as before. Chû Hsî says, 'Yang-ch'ăng and the north of Mount Ch'î were both at the foot of the Sung Mountains, places fit for retirement, within deep valleys.' By many they are held to have been the same place, and that 陰 is a mistake for 陽. They were certainly near each other, and are referred to the district of Tăng-făng(登封) in the department of Ho-nan, in Ho-nan. Yî was Yü's great minister, raised to that dignity, after the death of Kâo-yâo;一see Shû-ching, II. iv. Ch'î was Yü's sone, who succeeded him on the throne.

1절 각주

지어(至於)는 '~에 오는 것'이고 우리는 '순과 요에서부터'로 이해하거나 아니면 나의 번역처럼 해야 한다. 어떤 사람들은 여현(與賢)과 여자(與子)를 순과 우, 그리고 계를 특별히 가리키는 것으로 보아서는 안 된다고 말하지만 그렇게 보는 것이 최선인 것인 것 같다. 일반적 추론은 또한 특수한 사례에서 유추할 수 있다. 유저(有諸)는 '그랬습니까?' 즉 그의 덕이 열등했습니까? 그리고 그가 왕위를 아들에게 전한 것이 그렇다는 증거입니까? 라는 의미이다. 석자(昔者)는 앞에서처럼 번역에서 누락했다. 주희는 '양성과 기산의 북쪽은 모두 숭산(嵩山)의 기슭에 있는 곳으로 깊은 골짜기 안에 있어 은둔하기 적합한 곳이다'라고 말한다. 여러 사람이 양성과 기산은 동일한 장소이고 음(陰)은 양(陽)의 오기라고 주장한다. 두 곳은 분명 서로 가까운 곳에 있었고 하남성 하남부 등봉(登封) 지역으로 추정된다. 익은 우의 대재상으로 고요(皐陶)가 사망한 후 그 자리에 올랐다. 이는 『서경』「우서(虞書)·순전(舜典)」을 보라. 계(啓)는 우의 아들로 우를 이어 왕위에 올랐다.

2. 'That Tan-chû was not equal *to his father*, and Shun's son not equal *to his*; that Shun assisted Yâo, and Yü assisted Shun, for many years, conferring benefits on the people for a long time; that *thus* the length of time during which Shun, Yü, and Yî *assisted in the government* was so different; that Ch'î was able, as a man of talents and virtue, reverently to pursue the same course as Yü; that Yî assisted Yü only for a few years, and had not long conferred benefits on the people; that the periods of service of the three were so different; and that the sons were one superior, and the other superior:—all this was from Heaven, and what could not be brought about by man. That which is done without man's doing is from Heaven. That which happens without man's causing is from the ordinance *of Heaven*.

2. Tan Chû was the son of Yâo; see the Shû-ching. I. 9. The son of Shun is not mentioned in the classic. His name was î-chün(義均) and often appears as Shang Chün, he having been appointed to the principality of Shang(商). In 之相, the 相 is in 4th tone. In this paragraph we have a longer sentence than is commonly found in Chinese composition, the 皆 in 皆天也 resuming all the previous clauses, which are in apposition with one another:—'Tan Chû's not being like his father, Shun's son's not being like him,' etc. 相去久遠 = 歷年久遠之相去. 莫之爲而爲 =人莫(=不)爲之而爲, the first 爲 is active; implying the purpose of man, the second is passive; so, as indicated by the terms, with 致 and 至 in the next sentence.

2절

丹朱之不肖, 舜之子亦不肖, 舜之相堯, 禹之相舜也, 歷年多, 施澤於民久, 啓賢, 能敬承繼禹之道, 益之相禹也, 歷年少, 施澤於民未久, 舜禹益相去久遠, 其子之賢不肖, 皆天也, 非人之所能爲也, 莫之爲而爲者, 天也, 莫之致而至者, 命也.

단주는 [그의 아버지와] 같지 않았고, 순의 아들은 [그의 아버지와] 같지 않았으며, 여러 해 동안 순은 요를 돕고 우는 순을 도우며 오랫동안 백성들에게 혜택을 주었다. 그리하여 순과 우와 익이 [통치를 보조하였던] 기간은 매우 달랐다. 계는 현능한 사람으로서 우와 동일한 과정을 경건하게 좇을 수 있었다. 익이 우를 도운 기간은 몇 년 되지 않았고 백성들에게 혜택을 준 기간도 길지 않았다. 세 사람의 재직 기간은 상당히 다르다. 아들 중 한 아들이 뛰어났고 다른 한 아들도 뛰어났다. 즉 이 모든 것은 하늘에서 온 것이었고, 사람으로부터 유발될 수 있었던 것이 아니었다. 사람이 행하지 않는데도 이루어지는 것은 하늘에서 온 것이다. 사람이 의도하지 않는데도 발생하는 것은 [하늘의] 명으로부터 오는 것이다.

2절 각주

단주(丹朱)는 요의 아들로, 『서경』「우서(虞書)·요전(堯典)」제9절을 보라. 『서경』에서는 순의 아들을 언급하지 않는다. 그의 이름은 의균(義均)으로 상(商)의 공국에 임명되었다. 지상(之相)의 상(相)은 4성조이다. 이 절은 일반적인 중국어 구문보다 문장이 길다. 개천야(皆天也)의 개(皆)는 이전의 모든 어구를 다시 포함하고, 이 어구들은 각각 동격 관계에 있으므로, 단주는 그의 아버지와 같지 않고, 순의 아들은 그와 같지 않았다 등으로 문장이 구성된다. 상거구원(相去久遠)은 역년구원지상거(歷年久遠之相去)이다. 막지위이위(莫之爲而爲)는 '인막(=불)위지이위(人莫(=不)爲之而爲)'로 첫 번째 위(爲)는 능동사이고 두 번째 위(爲)는 수동태로 사람의 의도를 암시한다. 이 글자들이 암시하는 것처럼 다음 문장의 치(致)와 지(至)도 마찬가지이다.

3. 'In the case of a private individual obtaining the throne, there must be in him virtue equal to that of Shun or Yü; and moreover there must be the presenting of him *to Heaven* by the *preceding* sovereign. It was on this account that Confucius did not obtain the throne.

4. 'When the kingdom is possessed by *natural* succession, the sovereign who is displaced by Heaven must be like Chieh or Châu. It was on this account that Yî, Î Yin, and Châu-kung did not obtain the throne.

4. Î Yin was the chief minister of T'ang (see Analects, XII. xxii. 6), and Châu-kung or the duke of Châu, the well-known assistant of his brother, king Wû.

3절

匹夫而有天下者, 德必若舜禹, 而又有天子薦之者, 故仲尼不
有天下.

필부가 왕위에 오른 경우에, 그에게 순과 우에 버금가는 덕이 있어야 하
고, 이에 더하여 [앞의] 군주가 그를 [하늘에] 주어야 한다. 공자가 왕위를
오르지 못한 것은 이 때문이다.

4절

繼世以有天下, 天之所廢, 必若桀紂者也, 故益伊尹周公, 不有
天下.

왕국을 [자연스러운] 계승으로 소유한 군주를 하늘이 폐위시킬 때 그는 걸
또는 주와 같은 자임이 틀림없다. 익과 이윤 그리고 주공이 왕위에 오르
지 못한 것은 이러한 이유 때문이었다.

4절 각주

이윤은 탕왕의 재상이었다(『논어』 제12권 제22장 제6절을 보라). 주공 혹
은 주나라의 공작은 형제인 무왕을 도운 유명한 조력자였다.

5. 'Î Yin assisted T'ang so that he became sovereign over the kingdom. After the demise of T'ang, T'âi-ting having died before he could be appointed sovereign, Wâ'i-ping reigned two years, and Chung-zin four. T'âi-chiâ was then turning upside down the statutes of T'ang, when Î Yin placed him in T'ung for three years. *There* T'âi-chiâ repented of his errors, was contrite, and reformed himself. In T'ung he came to dwell in benevolence and walk in righteousness, during those three years, listening to the lessons given to him by Î Yin. Then *Î Yin* again returned *with him* to Po.

5절

伊尹相湯, 以王於天下, 湯崩, 太丁未立, 外丙二年, 仲壬四年,
太甲顚覆湯之典刑, 伊尹放之於桐三年, 太甲悔過, 自怨自艾,
於桐處仁遷義三年, 以聽伊尹之訓己也, 復歸于亳.

이윤은 탕왕이 왕국을 다스리는 군주가 되도록 도왔다. 탕왕이 사망한 후
태정이 군주에 오르기 전에 사망하여 외병이 2년 동안 다스리고 중임이 4
년 동안 재위에 있었다. 그때 태갑이 탕왕의 법령을 뒤집어버리자 이윤은
그를 동에 3년간 두었다. 태갑은 그곳에서 잘못을 뉘우치고 반성하여 스
스로 새로이 거듭났다. 태갑은 동에서 3년 동안 이윤의 가르침을 들으며
인에 거주하고 의로 걸었다. 그런 뒤 [이윤은] 다시 [태갑과 함께] 박으로
돌아왔다.

3. 'T'ang sent persons with presents of silk to entreat him to enter his service. With an air of indifference and self-satisfaction he said, "What can I do with those silks with which T'ang invites me? Is it not best for me to abide in the channelled fields, and so delight myself with the principles of Yâo and Shun?"

3. 聘, 'to ask,' often used for 'to ask in marriage'; here, 'to ask to be minister.'

3절

湯使人以幣聘之, 囂囂然曰, 我何以湯之聘幣爲哉, 我豈若處
畎畝之中, 由是以樂堯舜之道哉.

탕왕이 이윤에게 인편으로 비단 선물을 보내며 조정에 들어올 것을 간청
했다. 이윤은 무관심한 척 자족하며 '탕왕이 나를 초대하기 위해 보내온
이 비단으로 내가 무엇을 할 수 있겠는가? 고랑진 밭에 살며 요와 순의
원리를 스스로 즐기는 것이 최선이 아니겠는가?'라고 했다.

3절 각주

빙(聘)은 '청하다', 때로 '결혼을 청하다'로 사용된다. 여기서는 '신하가 될
것을 청하다'이다.

4. 'T'ang thrice sent messengers to invite him. After this, with the change of resolution displayed in his countenance, he spoke in a different style, —"Instead of abiding in the channelled fields and thereby delighting myself with the principles of Yâo and Shun, had I not better make this prince a prince like Yâo or Shun, and this people like the people of Yâo or Shun ? Had I not better in my own person see these things for myself?

4. 改曰 may be 改其計曰, 'changed his plan, and said,' or 改其言曰, 'changed his words, and said.' 堯舜之君, 'a prince of,= like to, Yâo and Shun.' I do not see exactly the force of 於吾身 in the last sentence, and have therefore simply translated the phrase literally.

4절

湯三使往聘之, 旣而, 幡然改曰, 與我處畎畝之中, 由是以樂堯舜之道, 吾豈若使是君, 爲堯舜之君哉, 吾豈若使是民, 爲堯舜之民哉, 吾豈若於吾身, 親見之哉.

탕왕이 세 번 사자를 보내 그를 초대했다. 이후 그는 마음이 변했음을 얼굴에 드러내며 다른 말투로 말하길, '고랑진 밭에 살며 요와 순의 원리를 즐기는 것보다 이 제후를 요와 순과 같은 제후로 만들고 이 나라 백성들을 요와 순의 백성처럼 만드는 것이 더 낫지 않겠는가? 나 자신을 위해서도 내가 직접 이러한 일들을 보는 것이 더 낫지 않겠는가?

4절 각주

개왈(改曰)은 '개기계왈(改其計曰, 계획을 바꾸고 말했다)' 또는 '개기언왈(改其言曰, 말을 바꾸고 말했다)'이다. 요순지군(堯舜之君)은 '요와 순의 제후 즉 요와 순과 같은 제후'이다. 나는 마지막 문장의 어오신(於吾身)의 의미를 정확하게 모르겠기에 그 어구를 문자 그대로 번역했다.

5. "'Heaven's plan in the production of mankind is this:─that they who are first informed should instruct those who are later in being informed, and they who first apprehend principles should instruct those who are slower to do so. I am one of Heaven's people who have first apprehended;─I will take these principles and instruct this people in them. If I do not instruct them, who will do so?"

5. This paragraph is to be understood as spoken by î Yin. The meaning of 覺. 'to apprehend,' 'to understand,' is an advance on that of 知, simply 'to know.' The student will observe also that it is used actively three times, ='to instruct.' In 生此民, the 此民, 'this people,' = 'mankind.'

5절

天之生此民也, 使先知覺後知, 使先覺覺後覺也, 予天民之先
覺者也, 予將以斯道覺斯民也, 非予覺之而誰也.

하늘이 인류를 낳음에 있어 그 계획은 다음과 같다. 원리를 먼저 안 사람
들이 나중에 알아가는 자들을 가르쳐야 한다. 원리를 먼저 이해한 사람들
이 이해하는 속도가 느린 자들을 가르쳐야 한다. 나는 먼저 이해한 하늘
의 사람 중 한 사람이기에, 이러한 원리들을 취하여 이 백성들을 가르칠
것이다. 내가 가르치지 않는다면 누가 그렇게 하겠는가?'라고 말했다.

5절 각주

이 절은 이윤이 말하는 것으로 보아야 한다. 각(覺)은 '파악하다', '이해하
다'라는 의미로 단순히 '알다'인 지(知)의 뜻에서 발전한 것이다. 배우는
사람은 또한 각(覺)이 '가르치다'의 의미로 능동적으로 3번 쓰인 것을 관
찰할 수 있다. 생차민(生此民)의 차민(此民)은 '이 사람들' 즉 '인류'이다.

6. 'He thought that among all the people of the kingdom, even the private men and women, if there were any who did not enjoy such benefits as Yâo and Shun conferred, it was as if he himself pushed them into a ditch. He took upon himself the heavy charge of the kingdom in this way, and therefore he went to T'ang, and pressed upon him the subject of attacking Hsiâ and saving the people.

6. 內,—read as, and=納. 說,—read *shwuy*, in 2nd tone, 'to advise,' 'to persuade.' 說之以, 'advised him about.'

6절

思天下之民, 匹夫匹婦, 有不被堯舜之澤者, 若己推而内之溝
中, 其自任以天下之重如此, 故就湯而說之, 以伐夏救民.

이윤은 나라의 모든 사람이 심지어 필부와 필녀가 요와 순이 부여한 그와
같은 혜택을 향유하지 않는다면 그것은 마치 그가 직접 그들을 고랑에 밀
어 넣는 것과 같다고 생각했다. 그는 이런 식으로 스스로 나라의 막중한
책임을 떠맡았기에 탕왕에게 가서 압박하여 하나라를 공격한 후 하나라의
백성을 구하게 했다.

6절 각주

내(內)는 '납'으로 읽히고 납(納)과 같은 의미이다. 설(說)은 2성조로 '세'로
읽히고 '충고하다' '설득하다'라는 의미이다. 세지이(說之以)는 '~에 대해
그에게 충고했다'라는 의미이다.

7. 'I have not heard of one who bent himself, and at the same time made others straight;—how much less could one disgrace himself, and thereby rectify the whole kingdom? The actions of the sages have been different. Some have kept remote *from court*, and some have drawn near *to it*; some have left their offices, and some have not done so:—that to which those different courses all agree is simply the keeping of their persons pure.

7. Compare Bk. III. Pt. II. i. 1,5. 歸＝要歸, 'if we seek where they came to, where they centered.'

7절

吾未聞枉己而正人者也, 況辱己以正天下者乎, 聖人之行, 不同也, 或遠或近, 或去或不去, 歸潔其身而已矣.

나는 자기 자신을 굽히면서 다른 이들을 바르게 하는 이에 대해 들어 본 적이 없다. 하물며 자신을 수치스럽게 함으로써 천하를 바로 잡는 일에 대해 말해 무엇 하겠는가? 성인의 행동은 달랐다. 어떤 이는 [조정에서] 멀리 떨어져 있었고, 어떤 이는 [그것에] 가까이 다가갔다. 어떤 이는 관직을 떠났고, 어떤 이는 그렇게 하지 않았다. 하지만 서로 다른 저 길들에서 모두 일치하는 것은 바로 몸을 깨끗하게 유지하는 것이었다.

7절 각주

제3권 제2편 제1장 제1절과 비교하라. 귀(歸)는 요귀(要歸)로 '우리가 그들이 온 곳과 모이는 곳을 찾으면'이라는 의미이다.

8. 'I have heard that Î Yin sought an introduction to T'ang by the doctrines of Yâo and Shun. I have not heard that he did so by his knowledge of cookery.

   8 要,—as in paragraph 1.

9. 'In the "Instructions of Î," it is said, "Heaven destroying Chieh commenced attacking him in the palace of Mû. I commenced in Po."'

   9. See the Shû-ching, IV. iv. 2, but the classic and this text are so different that many suppose Mencius to quote from some form of the book referred to which Confucius disallowed. The meaning is that Chieh's atrocities in his palace in Mû led Heaven to destroy him, while î Yin, in accordance with the will of Heaven, advised T'ang in Po to take action against him. 造 and 載, both = 始 'to begin.'

8절

吾聞其以堯舜之道要湯, 未聞以割烹也.

나는 이윤이 요와 순의 원리로 탕왕에게 다가가고자 했다고 들었다. 나는 그가 요리에 대한 지식으로 그렇게 했다는 것을 들은 바가 없다.

8절 각주
요(要)는 제1절과 같다.

9절

伊訓曰, 天誅造攻, 自牧宮, 朕載自亳.

「이훈」에 이르길, '하늘이 걸을 파괴할 때 목궁에서 그를 공격하는 것으로 시작했다. 나는 박에서 시작했다.'라고 했다."

9절 각주
『서경』「상서(商書)·이훈(伊訓)」제2절을 보라. 그러나 『서경』과 『맹자』의 이 부분의 내용이 매우 다르다. 그래서 많은 이들은 맹자가 공자가 불허한 것으로 언급되는 어떤 형태의 책에서 그 내용을 인용한 것으로 추정한다. 그 의미는 걸이 목궁에서 한 잔혹 행위로 하늘이 그를 파괴하기에 이르렀고, 반면에 이윤은 하늘의 뜻에 따라 박에 있는 탕왕에게 걸에 대항하는 행동을 취하도록 조언했다는 것이다. 조(造)와 재(載)는 모두 시(始), '시작하다'라는 의미이다.

CHAPTER IX

CH. 9. VINDICATION OF Pâi-lî Hsî FROM THE CHARGE OF
SELLING HIMSELF AS A STEP TO HIS ADVANCEMENT.

1. Wan Chang asked *Mencius*, 'Some say that Pâi-lî Hsî sold himself to
a cattle-keeper of Ch'in for the skins of five rams, and fed his oxen, in
order to find an introduction to the duke Mû of Ch'in;—was this the
case?' Mencius said, 'No; it was not so. This story was invented by men
fond of strange things.

제9장

백리해는 자신을 스스로 팔아 승진의 발판으로 삼았다는 비판을 받는데 맹자는 백리해를 옹호한다.

1절

萬章問曰, 或曰, 百里奚, 自鬻於秦養牲者, 五羊之皮, 食牛,
以要秦穆公, 信乎. 孟子曰, 否, 不然, 好事者爲之也.

만장이 [맹자에게] 물었다. "혹자가 말하길 백리해가 양가죽 다섯 장을 받고 진나라의 소몰이꾼에게 자신을 팔아 진목공에게 다가가고자 했다고 합니다. 그랬습니까?" 맹자가 대답했다. "아니다. 그렇지 않다. 이것은 이상한 것들을 좋아하는 사람들이 지어낸 이야기이다.

1. Pâi-lî Hsî was chief minister to duke Mû(穆='the diffuser of virtue, and maintainer of integrity'), B.C.659—620. His history will be found interestingly detailed in the twenty-fifth and some subsequent Books of the 'History of the Divided States'(列國志), though the incidents there are, some of them different from Mencius's statements about him. With regard to that in this paragraph, it is not easy to understand the popular account referred to. The account in the 'Historical Records,' 秦本記,, is that, after the subversion of Yü, Hsî followed its captive duke to Tsin, refusing to take service in that State, and was afterwards sent to Ch'in in a menial capacity, in the train of the eldest daughter of the house of Chin, who was to become the wife of the duke Mû. Disgusted at being in such a position, Hsî absconded on the road, and fleeing to Ch'û, he became noted for his skill in rearing cattle. The duke Mû somehow heard of his great capacity, and sent to Ch'û, to reclaim him as a runaway servant, offering also to pay for his ransom five ram's skins. He was afraid to offer a more valuable ransom, lest he should awaken suspicions in Ch'û that he wanted to get Hsî on account of his ability; and on obtaining him, he at once made him his chief minister. 食,—read *tsze*, 4th tone, = 飼, 'to feed.' 要,—as in—chapter 7, up. 1st tone. 好事者,—as in last chapter.

1절 각주

백리해(百里奚)는 목공(穆公)(기원전 659~620년, 목[穆]은 덕을 알리는 자 그리고 신실함을 유지하는 자를 의미한다)의 재상이었다. 그의 역사는 『열국지』(列國志)[37] 제25권과 그 이후의 몇 권에서 매우 흥미롭고 자세하게 기술되어 있다. 그러나 『열국지』(列國志)에서 백리해에 관한 사건들 중 몇몇 사건은 맹자의 언급과 다르다. 이 절에서 언급되어 있는 널리 알려진 이야기가 무엇인지 알기 어렵다. 『사기·진본기(秦本記)』에 따르면, 백리해는 우(虞) 나라가 망한 후 포로가 된 우공을 따라 진(晉)나라에 갔지만 그 나라의 관직을 맡기를 거부했다. 이후 목공의 아내가 될 진 가문의 장녀를 따라 천한 일을 하며 진(秦)나라로 가게 되었다. 백리해는 그와 같은 위치에 있는 것이 싫어 도중에 초나라로 도망갔다. 그곳에서 그는 소를 키우는 솜씨가 뛰어난 것으로 유명하게 되었다. 목공은 그의 뛰어난 능력에 대해 들었기에 초나라로 사람을 보내 그가 자신의 도망간 노예라고 주장했고, 또한 그의 몸값으로 다섯 마리의 양 가죽의 돈을 지불할 것을 제안했다. 목공은 백리해의 능력 때문에 그를 얻기를 원한다는 의심을 초나라에 주지 않기 위해 몸값을 더 많이 주기를 꺼려했다. 목공은 백리해를 얻자 즉시 그를 재상으로 삼았다. '食'는 '사'로 읽히고 4성조로 사(飼) 즉 '먹이다'라는 의미와 같다. 요(要)는 제7장에서처럼 1성조이다. 호사자(好事者)는 제8장과 같다.

---

37) (역주) 『열국지』(列國志)는 동주(東周) 열국지이다. 이것은 명나라 문장가 풍몽룡(風夢龍)이 지은 역사소설로 서주(西周) 말부터 진(秦)의 천하통일까지의 역사를 다루었다. 풍몽룡(1574~1646)의 자는 유룡(猶龍)이고 호는 향월거고곡산인(香月居顧曲散人)이다.

2. 'Pâi-lî Hsî was a man of Yü. The people of Tsin, by the inducement of a round piece of jade from Ch'ûi-chî, and four horses of the Ch'ü breed, borrowed a passage through Yü to attack Kwo. *On that occasion,* Kung Chih-ch'î remonstrated *against granting their request,* and Pâi-lî Hsî did not remonstrate.

2. Ch'ûi-chî and Ch'ü were the names of places in Tsin, the one famous for its jade, the other for its horses. 乘,4th tone, 'a team of four horses' Kwo were small States, adjoining each other, and only safe against the attacks of their more neighbour, Tsin, by their mutual union. Both the officers of Yü, Kung Chih-ch'î and Pâi-lî Hsî, saw this, but Hsî saw also that no remonstrances would prevail with the duke of Yü against the bribes of Tsin.

2절

百里奚, 虞人也, 晉人以垂棘之璧, 與屈産之乘, 假道於虞, 以伐虢, 宮之奇諫, 百里奚不諫.

백리해는 우(虞) 나라 사람이었다. 진나라 백성들은 수극에서 난 둥근 옥과 굴에서 나는 네 마리의 말을 미끼로 우나라의 길을 빌려 괵나라를 공격하고자 했다. [그때] 궁지기는 [그들의 요구를 허용하지 말 것을] 간언했고, 백리해는 간언하지 않았다.

2절 각주

수극(垂棘)과 굴(屈)은 진나라의 지명이다. 수극은 옥의 산지로, 굴은 말의 산지로 유명했다. 승(乘)은 4성조로 '4마리의 말로 이루어진 한 조'를 말한다. 소국인 괵(虢)과 우(虞)는 인접국으로 서로 협력했을 때만 강대국인 진(秦)의 공격에서 안전했다. 우의 신하인 궁지기와 백리해는 모두 이것을 알았다. 그러나 백리해는 진의 뇌물을 받지 않도록 우공에게 간언해봐야 소용없다는 것을 알았기 때문에 간언하지 않았다.

3. 'When he knew that the duke of Yü was not to be remonstrated with, and, leaving that State, went to Ch'in, he had reached the age of seventy. If by that time he did not know that it would be a mean thing to seek an introduction to the duke Mû of Ch'in by feeding oxen, could he be called wise? But not remonstrating where it was of no use to remonstrate, could he be said not to be wise? Knowing that the duke of Yü would be ruined, and leaving him before that event, he cannot be said not to have been wise. Being then advanced in Ch'in, he knew that the duke Mû was one with whom he would enjoy a field for action, and became minister to him;—could he, *acting thus*, be said not to be wise? Having become chief minister of Ch'in, he made his prince distinguished throughout the kingdom, and worthy of being handed down to future ages;—could he have done this, if he had not been a man of talents and virtue? As to selling himself in order to accomplish all the aims of his prince, even a villager who had a regard for himself would not do such a thing; and shall we say that a man of talents and virtue did it?'

3 去之秦,-之=往, the verb. 而先去之,—this may have been prudent, but was not honourable. It is contrary to other accounts of Hsî's conduct. He is said to have urged Chih-ch'î to leave Yü after his remonstrance, while he remained himself to be with the duke in the evil day which he saw approaching. 鄉黨 are to be taken together.

3절

知虞公之不可諫而去之秦，年已七十矣，曾不知以食牛干秦穆
公之爲汚也，可謂智乎，不可諫而不諫，可謂不智乎，知虞公之
將亡而先去之，不可謂不智也，時舉於秦，知穆公之可與有行也
而相之，可謂不智乎，相秦而顯其君於天下，可傳於後世，不賢
而能之乎，自鬻以成其君，鄕黨自好者不爲，而謂賢者爲之乎.

백리해는 우공이 간언을 듣지 않는다는 것을 알고 그 나라를 떠나 진나라
에 갔다. 그때 그의 나이는 70세였다. 그 나이가 되어 소에게 먹이를 주어
진목공에게 다가가기를 구하는 것이 천한 일이 되리라는 것을 몰랐다면
왜 그를 현명하다고 하겠는가? 간언이 소용없을 때 간언하지 않았다고 해
서 그가 현명하지 않다고 할 수 있는가? 우공이 망할 것을 알고 그 일이
일어나기 전에 그를 떠났다고 해서 백리해가 현명하지 않다고 말할 수는
없다. 백리해가 진나라에서 관직에 오른 그때 목공이 더불어 통치 행위를
즐길 수 있는 사람이라는 것을 알았기에 그의 재상이 되었다. [이렇게 행
동하였다고 해서] 그가 현명하지 않다고 말할 수 있겠는가? 진나라의 재
상이 된 후에 그는 제후를 천하에서 뛰어난 제후로 그리고 후세대에 전해
질만 한 현능한 제후로 만들었다. 만약 그가 재주와 덕이 있는 사람이 아
니었다면 이렇게 할 수 있었겠는가? 그가 섬기는 제후의 모든 목적을 이
루기 위해 자신을 파는 일은 자신을 사랑하는 촌민조차도 하지 않을 것인
데, 재주와 덕이 있는 사람이 그런 일을 했을 리가 있겠는가?"

3절 각주

거지진(去之秦)의 지(之)는 왕(往)으로 동사이다. 이선거지(而先去之)는 신
중한 행동일 수 있지만 명예로운 행동은 아니다. 이것은 백리해의 행동을
전하는 다른 이야기와 상반된다. 백리해는 궁지기가 간언한 이후 그에게
우공을 떠날 것을 강요했고 반면 자신은 파국의 날까지 우공의 곁에 남아
있었다는 이야기도 있다. 향당(鄕黨)은 한 단어로 보아야 한다.

萬章章句·下

만장장구·하

BOOK V

WAN CHANG

PART II

제5권
만장장구(萬章章句)
하(下)

4. 'When Confucius was leaving Ch'î, he strained off with his hand the water in which his rice was being rinsed, *took the rice*, and went away. When he left Lû, he said, "I will set out by-and-by:"—it was right he should leave the country of his parents in this way. When it was proper to go away quickly, he did so; when it was proper to delay, he did so; when it was proper to keep in retirement, he did so; when it was proper to go into office, he did so:—this was Confucius.'

4. 淅, 'to rinse or wash rice,' 'the water in which rice is washed.' The latter is the sense here. 遲遲吾行, was the answer given by Confucius to Tsze-lû, who wished to hurry him away.

4절

孔子之去齊, 接淅而行, 去魯, 曰, 遲遲, 吾行也, 去父母國之
道也, 可以速而速, 可以久而久, 可以處而處, 可以仕而仕, 孔
子也.

공자께서 제나라를 떠날 때, 쌀을 씻은 물을 손에서 털어내고 [쌀을 가지
고] 멀리 떠났다. 공자께서 노나라를 떠날 때, '나는 곧 떠날 것이다'라고
했다. 그가 이런 식으로 모국을 떠나는 것이 맞았다. 빨리 떠나가는 것이
적절할 때 그렇게 했고, 미루는 것이 적절할 때 그렇게 했다. 물러나는 것
이 적절할 때 그렇게 했고, 관직에 오르는 것이 적절할 때 그렇게 했다.
이렇게 한 분이 바로 공자였다."

4절 각주

석(淅)은 '쌀을 헹구거나 씻다', '쌀을 씻은 물'이라는 의미이다. 여기서는
후자의 의미이다. '지지오행(遲遲吾行)은 공자가 그를 재촉한 자로(子路)에
게 한 대답이었다.

5. Mencius said, 'Po-î among the sages was the pure one; Î Yin was the one most inclined to take office; Hûi of Liû-hsiâ was the accommodating one; and Confucius was the timeous one.

5. I have invented the adjective 'timeous' to translate the 時 here, meaning that Confucius did at every time what the circumstances of it required, possessing the qualities of all other sages, and displaying them at the proper time and place.

5절

孟子曰, 伯夷, 聖之淸者也, 伊尹, 聖之任者也, 柳下惠, 聖之
和者也, 孔子, 聖之時者也.

맹자가 말했다. "성인 중에서 백이는 깨끗한 성인이고, 이윤은 가장 관직
을 지향한 성인이고, 유하혜는 순응하는 성인이고, 공자는 때를 아는 성인
이었다.

5절 각주

나는 여기서 시(時)를 번역하기 위해 'timeous'라는 형용사를 조어했다. 이
단어는 공자가 당시의 상황이 요구하는 것은 [매번] 했고, 다른 모든 성인
의 자질이 있으며, 적절한 때와 장소에서 그 자질들을 보여주었다는 것을
의미한다.

6. 'In Confucius we have what is called a complete concert. A complete concert is when the *large* bell proclaims the *commencement of the music,* and the ringing stone proclaims its close. The metal sound commences the blended harmony of all the instruments, and the winding up with the stone terminates that blended harmony. The commencing that harmony is the work of wisdom. The terminating it is the work of sageness.

6. The illustration of Confucius here is from a grand performance of music, in which all the eight kinds of musical instruments are united. One instrument would make a 小成, 'small performance.' Joined, they make a 集大成, 'a collected great performance,' ='a concert.' 聲, 始 and 終 are all used as verbs. 條理, 'discriminated rules,' indicates the separate music of the various instruments blended together. 金聲 and 振 之 are not parts of the concert, but the signals of its commencement and close, the 之 referring to 集大成38).

---

38) (역주) 레게 각주 원문의 '聲'은 오기이므로 '成'으로 수정하였다.

6절

孔子之謂集大成, 集大成也者, 金聲而玉振之也, 金聲也者, 始
條理也, 玉振之也者, 終條理也, 始條理者, 智之事也, 終條理
者, 聖之事也.

공자에게는 소위 완벽한 합주라 불리는 것이 있다. 완벽한 합주는 [큰] 종
이 [음악의 시작을] 선포하고 공명하는 돌이 종결을 선포할 때이다. 금관
의 소리가 모든 악기가 내는 혼합의 조화를 시작하고, 공명하는 돌이 마
지막으로 그 혼합의 조화를 끝낸다. 조화를 시작하는 것은 지혜의 일이고,
조화를 종결하는 것은 성스러움의 일이다.

6절 각주

여기서 8가지의 모든 악기가 하나가 되는 대공연을 예로 들어 공자를 설
명한다. 한 악기는 소성(小成), '소공연'을 할 것이다. 함께 하면, 그들은
집대성(集大成), '대공연의 모음' 즉 '합주'가 된다. 성(聲)과 시(始) 그리고
종(終)은 모두 동사로 사용되었다. 조리(條理) 즉 '차별화된 규칙'에는 다양
한 악기가 혼합되어 있지만 각 악기의 음악이 분리되어 있음을 암시한다.
금성(金聲)과 진지(振之)는 연주의 한 부분이 아니지만, 개시와 종결의 신
호이고, 지(之)는 집대성(集大成)을 가리킨다.

7. 'As a comparison for wisdom, we may liken it to skill, and as a comparison for sageness, we may liken it to strength;─as in the case of shooting at a mark a hundred paces distant. That you reach it is owing to your strength, but that you hit the mark is not owing to your strength.'

7. Observe the comma after 智 and 聖. 由 = 猶. 'The other three worthies,' it is observed, 'earned one point to an extreme, but Confucius was complete in every thing. We may compare each of them to one of the seasons, but Confucius was the grand harmonious air of heaven, flowing through all the seasons.'

7절

智, 譬則巧也, 聖, 譬則力也, 由射於百步之外也, 其至, 爾力也, 其中, 非爾力也.

지혜의 비유로 기교를 들 수 있고, 성스러움의 비유로 힘을 들 수 있다. 이것은 1백 보 떨어진 과녁을 맞히는 경우와 같다. 과녁에 이르는 것은 너의 힘 때문이지만, 과녁을 맞히는 것은 너의 힘 때문이 아니다."

7절 각주

지(智)와 성(聖) 뒤의 쉼표에 주목하라. 유(由)는 유(猶)이다. '다른 세 명의 현인들은 하나의 지점을 극단으로 몰고 가지만, 공자는 그 모든 것이 완벽했다. 우리는 그들 각자를 하나의 계절에 비유할 수 있지만, 공자는 모든 계절에 흐르는 하늘의 거대한 조화로운 공기였다.'라고 말할 수 있다.

CHAPTER II

CH. 2. THE ARRANGEMENT OF DIGNITIES AND EMOLUMENTS ACCORDING TO THE DYNASTY OF Châu.

1. Pêi-kung Î asked Mencius, saying, 'What was the arrangement of dignities and emoluments determined by the House of Châu?'

1. Pê-kung î was an officer of the State of Wei. The double surname, 'Northern-palace,' had probably been given to the founder of the family from his residence.

제2장

맹자는 주 왕조의 작위와 녹봉의 분배에 대해 논한다.

1절

北宮錡問曰, 周室班爵祿也, 如之何.

북궁기가 [맹자에게] 물었다. "주나라의 왕실은 작위와 녹봉을 어떻게 배분했습니까?"

1절 각주

북궁기는 위나라의 관리였다. '북궁'은 복성으로 아마도 가문의 시조가 살던 곳을 그의 성씨로 준 것 같다.

2. Mencius replied, 'The particulars of that arrangement cannot be learned, for the princes, disliking them as injurious to themselves, have all made away with the records of them. Still I have learned the general outline of them.

   2. Many passages might be quoted from the Lî Chî, the Châu Lî, and the Shû-ching, illustrating, more or less, the dignities of the kingdom and their emoluments, but it would serve little purpose to do so, after Mencius's declaration that only the general outline of them could be ascertained. It is an important fact which he mentions, that the princes had destroyed(去, 3rd tone) many of the records before his time. The founder of the Ch'in dynasty had had predecessors and patterns. 惡, 4th tone, 'to hate.'

2절

孟子曰, 其詳, 不可得而聞也, 諸侯惡其害己也, 而皆去其籍, 然而軻也, 嘗聞其略也.

맹자가 대답했다. "배분의 세부사항을 알기 어렵습니다. 제후가 그렇게 하면 자신에게 불리하다고 여겨 싫어하여 이에 관련된 모든 기록을 없앴기 때문입니다. 그럼에도 나는 작위와 녹봉의 대략의 개요는 알고 있습니다.

2절 각주

우리는 주 왕조의 작위와 녹봉을 예증하기 위해, 『예기』와 『주례』 그리고 『서경』에서 여러 문구를 인용할 수 있다. 그러나 맹자가 일반적인 개요만을 확인할 수 있다고 선언함으로 이들 출처를 추론하는 것은 무의미할 것이다. 맹자가 후세대의 제후들이 이전의 여러 기록물을 거(去, 3성조) 즉 파괴했다고 언급한 것은 중요한 사실이다. 진시황 이전에도 그와 같은 일을 한 선임자들이 있었다. 오(惡)는 4성조로 '증오하다'라는 의미이다.

6. 'In a great State, where the territory was a hundred lî square, the ruler had ten times as much income as his Chief ministers; a Chief minister four times as much as a Great officer; a Great officer twice as much as a scholar of the first class; a scholar of the first class twice as much as one of the middle; a scholar of the middle class twice as much as one of the lowest; the scholars of the lowest class, and such of the common people as were employed about the government offices, had for their emolument as much as was equal to what they would have made by tilling the fields.

6. 庶人在官 would be runners, clerks, and other subordinates, which appear in the Châu Lî, as 府, 史, 胥, 徒. Chû Hsî gives his opinion, that, from the sovereign downwards, all who had lands received their incomes from them, as cultivated on the system of mutual aid, while the landless scholars and other subordinates received according to the income from the land.

6절

大國地方百里, 君十卿祿, 卿祿, 四大夫, 大夫, 倍上士, 上士, 倍中士, 中士, 倍下士, 下士與庶人在官者, 同祿, 祿足以代其耕也.

영토가 사방 백 리인 대제후국의 통치자는 그의 경이 받는 수익의 10배를 받았고, 경은 대부의 4배, 대부는 상사의 2배, 상사는 중사의 2배, 중사는 하사의 2배, 하사와 정부 관직에 기용된 평민은 그들이 농사지어 거두었을 것과 같은 양의 녹봉을 받았다.

6절 각주

서인재관(庶人在官)은 관졸과 서기 그리고 기타 하위직들로, 이들은 『주례』(周禮)에서 부(府), 이(史), 서(胥), 도(徒)로 나타난다.[40] 주희의 견해에 따르면, 군주로부터 아래에 이르기까지 토지를 가진 모든 이들은 그들의 수입을 상호부조제 하에서 경작된 토지에서 거두었고, 반면에 땅이 없는 학자와 다른 하위직들은 토지에서 나는 수입에 따라 받았다.

---

40) (역주) 『주례』(周禮) 권1 <천관총재(天官冢宰)>에 여러 관직을 설명하는 대목에 다섯 번째 관직부터 여덟 번째 관직 순으로 府-史-胥-徒가 나온다. "掌百官府之徵令辨其八職, 一曰正掌官法以治要, 二曰師掌官成以治凡, 三曰司掌官法以治目, 四曰旅掌官常以治數, 五曰府掌官契以治藏, 六曰史掌官書以贊治, 七曰胥掌官敘以治敘, 八曰徒掌官令以徵令."

7. 'In a State of the next order, where the territory was seventy lî square, the ruler had ten times as much revenue as his Chief minister; a Chief minister three times as much as a Great officer; a Great officer twice as much as a scholar of the first class; a scholar of the first class twice as much as one of the middle; a scholar of the middle class twice as much as one of the lowest; the scholars of the lowest class, and such of the common people as were employed about the government offices, had for their emolument as much as was equal to what they would have made by tilling the fields.

8. 'In a small State, where the territory was fifty lî square, the ruler had ten times as much revenue as his Chief minister; a Chief minister had twice as much as a Great officer; a Great officer twice as much as a scholar of the highest class; a scholar of the highest class twice as much as one of the middle; a scholar of the middle class twice as much as one of the lowest; scholars of the lowest class, and such of the common people as were employed about the government offices, had the same emolument;—as much, namely, as was equal to what they would have made by tilling the fields.

7절

次國, 地方七十里, 君十卿祿, 卿祿, 三大夫, 大夫, 倍上士, 上士, 倍中士, 中士, 倍下士, 下士, 與庶人在官者, 同祿, 祿足以代其耕也.

그다음 순서의 공국은 영토가 사방 70 리가 되는 곳으로 통치자는 그의 경이 받는 수익의 10배를 가진다. 경은 대부의 3배를 가진다. 대부는 원사의 2배를 가진다. 원사는 중사의 2배를 가진다. 중사는 하사의 2배를 가진다. 하사와 정부 관직에 기용된 평민은 그들이 농사지어 거두었을 것과 같은 양의 녹봉을 받았다.

8절

小國, 地方五十里, 君十卿祿, 卿祿, 二大夫, 大夫, 倍上士, 上士, 倍中士, 中士, 倍下士, 下士, 與庶人在官者, 同祿, 祿足以代其耕也.

작은 공국은 영토가 사방 50 리인 곳으로 통치자는 경이 받는 수익의 10배를 가지고, 경은 대부의 2배, 대부는 상사의 2배, 상사는 중사의 2배, 중사는 하사가 받는 수익의 2배를 가진다. 하사와 정부 관직에 기용된 평민들의 수익은 동일하다. 즉 그들이 농사지어 거두었을 것과 같은 양의 녹봉을 받았다.

9. 'As to those who tilled the fields, each husbandman received a hundred *mâu*. When those *mâu* were manured, the best husbandmen of the highest class supported nine individuals, and those ranking next to them supported eight. The best husbandmen of the second class supported seven individuals, and those ranking next to them supported six; while husbandmen of the lowest class only supported five. The salaries of the common people who were employed about the government offices were regulated according to these differences.'

9. 食,￢read *tsze.* 差,￢read *ts'ze,* 'un￢even,' 'different.'

9절

耕者之所獲, 一夫百畝, 百畝之糞, 上[41]農夫, 食九人, 上次, 食八人, 中, 食七人, 中次, 食六人, 下, 食五人, 庶人在官者, 其祿, 以是爲差.

농사에 대해 말하자면, 각 농부는 1백 무를 받았다. 이 1백 무에 거름을 주었을 때 최상급 토지를 받은 최고의 농부는 9명의 사람을 부양하였고, 그다음 등급의 농부는 8명을 부양하였다. 2등급의 토지를 받은 최고의 농부는 7명을 부양하였고 그다음 등급의 농부는 6명을 부양하였다. 반면에 최하위급의 토지를 받은 농부는 5명만을 부양하였다. 관청에 기용된 일반 백성의 녹봉은 이러한 차이를 두고 조정되었다."

9절 각주

식(食)은 [새]로 읽힌다. 차(差)는 [치]로 읽히고, '고르지 않은' '다른'을 뜻한다.

---

41) (역주) 레게 원문은 '상(上)'이 아닌 '토(土)'로 되어 있어 수정했다.

CHAPTER III

CH. 3. FRIENDSHIP MUST HAVE REFERENCE TO THE VIRTUE OF THE FRIEND. THERE MAY BE NO ASSUMPTION ON THE GROUND OF ONE'S OWN ADVANTAGES.

1. Wan Chang asked *Mencius*, saying, 'I venture to ask *the principles of* friendship.' Mencius replied, 'Friendship should be maintained without any presumption on the ground of one's superior age, or station, or *the circumstances of his* relatives. Friendship *with a man* is friendship with his virtue, and does not admit of assumptions of superiority.

1. 問友=問交友之道. 長, 3rd tone, having reference to age. 兄弟, 'one's brethren,'; in the widest acceptation of that term. Observe how 也者 takes up the preceding 友, and goes on to its explanation. 其 refers to the individual who is the object of the 友; friendship with him as virtuous will tend to help our virtue. 有挾, 'to have presumptions,' with reference of course to the three points mentioned, but as of those the second most readily comes into collision with friendship, it alone is dwelt upon in the sequel.

제3장

우정은 친구의 덕과 관련이 있으므로 이익을 우정의 전제로 삼지 말아야 한다.

1절

萬章問曰, 敢問友, 孟子曰, 不挾長, 不挾貴, 不挾兄弟而友, 友也者, 友其德也, 不可以有挾也.

만장이 [맹자에게] 물었다. "감히 우정의 [원리]에 관해 여쭙고자 합니다." 맹자가 대답했다. "우정은 나이, 지위 또는 [그의] 집안 [배경]에 기반에 둔 어떠한 전제 없이 이어져야 한다. [사람의] 우정은 그의 덕과 사귀는 우정을 전제로 하고 높고 낮음을 전제로 하지 않아야 한다.

1절 각주
문우(問友)는 문교우지도(問交友之道)이다. 장(長)은 3성조로, 나이와 관련된다. 兄弟는 '형제'로 가장 넓은 의미로 사용된 것이다. 야자(也者)가 어떻게 앞의 우(友)를 취하여 우정을 설명하는 것으로 이어지는지 주목하라. 기(其)는 우(友)의 대상인 개인을 가리키고, 덕이 있는 개인과 우정을 나누는 것은 우리의 덕에 도움을 줄 것이다. 유협(有挾)은 '전제로 한다라는 의미인데 당연히 앞에서 언급된 3가지 즉 나이와 지위와 집안 배경을 전제로 한다는 의미이다. 세 가지에서 두 번째인 지위가 우정과 가장 충돌하기 쉬우므로 지위만 연속해서 언급한다.

2. 'There was Mang Hsien, *chief of* a family of a hundred chariots. He had five friends, namely, Yo-chăng Chiû, Mû Chung, and three others *whose names* I have forgotten. With those five men Hsien maintained a friendship, because they thought nothing about his family. If they had thought about his family, he would not have maintained his friendship with them.

2. Mang Hsien,─see 'Great Learning,' Comm. x, 22.

2절

孟獻子, 百乘之家也, 有友五人焉, 樂正裘, 牧仲, 其三人, 則
予忘之矣, 獻子之與此五人者, 友也. 無獻子之家者也, 此五人
者, 亦有獻子之家, 則不與之友矣.

맹헌자는 1백 대의 전차를 가진 가문의 [수장]이었다. 그에게는 악정구와
목중, 나머지 3명의 이름은 잊어버렸지만 5명의 친구가 있었다. 이 5명의
친구와 맹헌자는 우정을 이어갔는데 그것은 친구들이 그의 가문에 대해
전혀 생각하지 않았기 때문이었다. 그들이 그의 가문에 대해 생각했다면,
그는 그들과 우정을 이어가지 않았을 것이다.

2절 각주

맹헌자(孟獻子)는 『대학』의 전(傳) 제10장 제22절을 보라.

3. 'Not only has the *chief* of a family of a hundred chariots acted thus. The same thing was exemplified by the sovereign of a small State. The duke Hûi of Pî said, "I treat Tsze-sze as my Teacher, and Yen Pan as my Friend. As to Wang Shun and Ch'ang Hsî, they serve me."

3. 費, read Pi,—see Analects, VI. vii. We must suppose that, after the time of Confucius, some chief had held this place and district with the title of Kung. 'The Kind(惠)' is the honourary epithet. Tsze-sze is Confucius's grandson. 般,—read *pan*. Yen Pan appears to have been the son of the sage's favorite disciple.

3절

非惟百乘之家爲然也, 雖小國之君, 亦有之, 費惠公曰, 吾於子
思, 則師之矣, 吾於顏般, 則友之矣, 王順長息, 則事我者也.

1백 대의 전차를 가진 가문의 [수장]만이 그렇게 행동한 것은 아니다. 같
은 일이 작은 제후국의 군주에게도 있었다. 비국의 혜공은, '나는 자사를
나의 스승으로 모시고, 안반을 벗으로서 사귄다. 왕순과 장식에 대해 말하
자면, 그들은 나를 섬긴다.'라고 말했다.

3절 각주

비(費)는 '비'로 읽히고, 『논어』 제6권 제7장을 보라. 우리는 공자의 시대
이후 몇몇 수장들이 이곳 등에서 '공'의 직함을 유지했다는 것을 전제로
해야 한다. 혜(惠)는 사후존칭이다. 자사(子思)는 공자의 손자이다. 반(般)
은 [반]으로 읽힌다. 안반(顏般)은 공자가 총애하던 제자의 아들인 것으로
보인다.

2. 'How is it,' pursued *Chang*, 'that the declining a present is accounted disrespectful?' The answer was, 'When one of honourable rank presents a gift, to say *in the mind*, "Was the way in which he got this righteous or not? I must know this before I can receive it;"—this is deemed disrespectful, and therefore presents are not declined.'

2. Chû Hsî says he does not understand the repetition of 却之. It has probably crept into the text through the oversight of a transcriber, unless we suppose, with the 合講, that the repetition indicates the firmness and decision with which the gift is refused, but the introduction of that element seems out of place. 曰, 其(referring to 尊者)所(所以)取之,一曰 is the reflection passing in the mind, as in the next paragraph also. We must suppose 人 as the nominative in 以是爲不恭.

2절

曰, 卻之卻之, 爲不恭, 何哉, 曰, 尊者賜之, 曰, 其所取之者義
乎, 不義乎, 而後受之, 以是爲不恭, 故弗卻也.

[만장이] 계속해서 물었다. "선물을 거절하는 것이 공경하지 않는 것으로
간주되는 것은 어째서입니까?" 맹자가 대답했다. "영예로운 자리에 있는
사람이 선물을 줄 때, 가령 [마음속으로] '그 사람이 이것을 얻은 방식이
올바른가? 아닌가? 나는 이것을 안 다음에 선물을 받을 수 있다.'라고 생
각하면, 이것은 공경하지 않는 것으로 여겨진다. 그래서 선물을 거절하지
않는다."

2절 각주

주희는 각지(卻之)가 반복되는 이유를 모르겠다고 말한다. 아마도 필사가
의 실수로 텍스트에 들어갔을 것이다. 그렇지 않다면, 우리는 『합강』(合
講)에서처럼 반복은 단호하게 선물을 거절하는 것을 암시한다고 추정할
수 있다. 그럼에도 이러한 요소의 도입은 부적절한 것 같다. '왈, 기(존자)
소(소이)취지(曰, 其[尊者]所[所以]取之)'에서 왈(曰)은 마음속의 성찰로, 다
음 절도 마찬가지이다. 우리는 이시위불공(以是爲不恭)의 주격으로 인(人)
을 가정해야 한다.

3. *Wan Chang* asked *again*, 'When one does not take on him in so many express words to refuse the gift, but having declined it in his heart, saying, "It was taken by him unrighteously from the people," and then assigns some other reason for not receiving it;—is not this a proper course?' *Mencius* said, 'When the donor offers it on a ground of reason, and his manner of doing so is according to propriety;—in such a case Confucius would have received it.'

3. 請 is not to be understood of Wan Chang, but as indicating the hesitancy and delicacy of the scholar to whom a gift is offered. 其交也, 以道,—其 still referring to 尊者, and 道 to the deservingness of the scholar, or something in his circumstances which renders the gift proper and seasonable. Compare Bk. II. Pt. II. iii. 3, 4. The meaning of 接 is determined (contrary to Châo Ch'î) by the 餽, which takes its place in the next paragraph.

3절

曰, 請無以辭卻之, 以心卻之, 曰, 其取諸民之不義也, 而以他辭無受, 不可乎. 曰, 其交也以道, 其接也以禮, 斯孔子受之矣.

[만장이] [다시] 질문했다. "단독직입적으로 선물을 거절할 것이 아니라 마음속으로 '이것은 그가 백성들에게서 부당하게 취한 것이다'라고 말한 후에 다른 이유를 대어 거절하는 것이 올바른 방식이 아닌지요?" 맹자가 대답했다. "선물을 주는 사람이 선물을 타당한 근거에서 주고 선물을 주는 행동 방식이 예를 따른 것이라면 공자라도 그 선물을 받았을 것이다."

3절 각주

청(請)을 만장이 한 것으로 보아서는 안 된다. 단지 선물을 받은 학자의 망설임과 미묘함을 암시하는 것으로 보아야 한다. '기교야, 이도(其交也, 以道)'에서 기(其)는 존자(尊者)를 가리키고, 도(道)는 학자의 가치 또는 그 선물이 올바르고 시기적절했던 상황의 어떤 것을 가리킨다. 제2권 제2편 제3장 제3~4절과 비교하라. 접(接)의 의미는 다음 절에 나오는 궤(餽)가 결정한다(조기는 이와 다르게 해석한다).

4. Wan Chang said, 'Here now is one who stops and robs people outside the gates of the city. He offers his gift on a ground of reason, and does so in a manner according to propriety;—would the reception of it so acquired by robbery be proper?' Mencius replied, 'It would not be proper. in "The Announcement to Kang" it is said, "When men kill others, and roll over their bodies to take their property, being reckless and fearless of death, among all the people there are none but detest them:"—thus, such characters are to be put to death, without waiting to give them warning. Yin received *this rule* from Hsiâ and Châu received it from Yin. It cannot be questioned, and to the present day is clearly acknowledged. How can the grift of *a robber* be received?'

4. 國門之外,—國 as in Bk. IV. Pt. II. xxxiii. 1. 斯可受禦與,—斯[43], as in last paragraph, adverbially, -'in this case.' 康誥曰, seethe Shu-ching Bk. V, x, 15, though the text is somewhat altered in the quotation, and 閔 and 譈 take the place of 愍 and 憝. 于='for the sake of,' i. e. to take. 殷~烈 is a passage of which the meaning is much disputed. Chû Hsî supposes it a gloss that has crept into the text. I have given it what seemed the most likely translation. 其受之,—其 is the party to whom the gift is offered, and 之, the fruit of robbery.

---

43) (역주) 레게 각주 원문에는 '斯可受之與,—斯'로 되어 있어 '斯可受禦與,—斯'로 수정했다.

4절

萬章曰, 今有禦人於國門之外者, 其交也以道, 其餽也以禮, 斯可受禦與, 曰, 不可. 康誥曰, 殺越人于貨[44], 閔不畏死, 凡民, 罔不譈, 是不待敎而誅者也, 殷受夏, 周受殷, 所不辭也, 於今爲烈, 如之何其受之.

만장이 물었다. "오늘 여기서 어떤 자가 성문 밖에서 백성들을 막아서 강탈했습니다. 그는 강탈한 선물을 타당한 근거에서 제공하고 그렇게 할 때 예를 따랐습니다. 그런 도둑질로 얻은 선물을 받는 것이 올바른 것입니까?" 맹자가 대답했다. "올바르지 않다. 「강고」에 이르기를, '다른 사람들을 죽이고 시체를 굴려 재산을 가져가고 무모하고 죽음을 두려워하지 아니하므로 모든 사람이 그들을 증오한다.'라고 했다. 그와 같은 자들은 경고하지 않고 바로 사형에 처해야 한다. 은은 [이 법을] 하로부터 받았고, 주는 은으로부터 받았다. 이러한 법에는 논쟁의 여지가 없고 오늘날에도 분명히 인정된다. 그러한데 [강도의] 선물을 어떻게 받을 수 있겠는가?"

4절 각주

국문지외(國門之外)의 국(國)은 제4권 제2편 제32장 제1장과 같다. 사가수어여(斯可受禦與)의 사(斯)는 제3장에서와 마찬가지로 부사로 '이 경우에'라는 의미이다. 강고왈(康誥曰)은 『서경』「주서(周書)·강고(康誥)」제15절을 보라. 「강고」와 맹자가 인용한 부분이 약간 다르다. 『서경』의 민(愍)과 대(憝)가 『맹자』에서는 민(閔)과 대(譈)로 표기되어 있다. 우(于)는 '~을 위하여' 즉 받는다는 의미이다. '은~열(殷~烈)'은 매우 논쟁이 많은 문구이다. 주희는 이 문구가 본문에 잘못 들어간 것으로 가정한다. 나는 가장 가능성이 큰 해석으로 번역했다. 기수지(其受之)의 기(其)는 선물을 받은 당사자이고, 지(之)는 강도가 획득한 물건이다.

---

44) (역주) 레게의 원문에는 '于'가 아닌 '於'로 표기되어 있으나 각주에는 '于'로 표기되어 있다.

5. *Chang* said, 'The princes of the present day take from their people just as a robber despoils his victim. Yet if they put a good face of propriety on their gifts, then the superior man receives them. I venture to ask how you explain this.' *Mencius* answered, 'Do you think that, if there should arise a truly royal sovereign, he would collect the princes of the present day, and put them all to death? Or would he admonish them, and then, on their not changing their ways, put them to death? Indeed, to call every one who takes what does not properly belong to him a robber, is pushing a point of resemblance to the utmost, and insisting on the most refined idea of righteousness. When Confucius was in office in Lû, the people struggled together for the game taken in hunting, and he also did the same. If that struggling for the captured game was proper, how much more may the gifts of the princes be received!'

5절

曰, 今之諸侯取之於民也, 猶禦也, 苟善其禮際矣, 斯君子受之,
敢問何說也. 曰, 子以爲有王者作, 將比今之諸侯而誅之乎, 其
敎之不改而後, 誅之乎, 夫謂非其有而取之者, 盜也, 充類至義
之盡也, 孔子之仕於魯也, 魯人, 獵較, 孔子亦獵較, 獵較, 猶
可, 而況受其賜乎.

[만장이] 물었다. "오늘날의 제후들은 강도가 피해자들을 강탈하듯이 꼭
그렇게 백성들의 것을 빼앗습니다. 그런데 만약 그들이 예를 갖춘 선한
얼굴로 선물을 주면 군자는 받습니다. 선생님께서 이것을 어떻게 설명할지
감히 여쭙고 싶습니다." [맹자가] 대답했다. "너는 진정한 왕이 될 군주가
일어나 오늘날의 제후들을 모아서 그들 모두를 사형에 처하리라 생각하느
냐? 아니면 그가 그들을 경계한 후에 방식을 바꾸지 않을 때 사형에 처하
리라 생각하느냐? 사실상 본래 자기 것이 아닌 것을 취하는 모든 이를 강
도로 부르는 것은 비슷한 것을 극단으로 밀어붙이는 것이고 의의 가장 정
교한 관념을 고집하는 것이다. 공자가 노나라의 관직에 있었을 때 백성들
이 사냥해서 취한 사냥물을 두고 함께 겨루자 공자 또한 똑같이 했다. 잡
은 사냥물을 두고 벌이는 그 싸움이 바른 것이라면 제후들의 선물을 받는
것은 말해 무엇 하겠는가!"

5. 斯,—as above. By 君子 Chang alludes to Mencius himself, 比,—4th tone, 'to take together.' 充類至義之盡,—literally, 'filling up a resemblance to the extremity of righteousness;' the meaning is as in the translation. 獵較(chio) is unintelligible to Chû Hsî, I have given the not unlikely explanation of Châo Ch'î. But to get rid of the declaration that Confucius himself joined in the struggling, the critics all say it only means that he allowed the custom.—The introduction of this yielding on the part of Confucius to a vulgar practice is an adroit maneuver by Mencius. The offense of the people against pr propriety in struggling for the game, and the offense of the princes in robbing their people, were things of a different class. Yet Mencius's defense of himself in the preceding part of the paragraph is ingenious. It shows that he was eminently a practical man, acting in the way of expediency. How far that way may be pursued will always depend on circumstances.

5절 각주

사(斯)는 제4절과 같다. 만장이 말한 군자(君子)는 맹자를 암시한다. 비(比)는 4성조로, '함께 받다'라는 의미이다. 충류지의지진(充類至義之盡)은 문자 그대로, '극단의 의(義)로 유사한 종류를 채우다'로 그 의미는 번역과 같다. 주희는 엽교(獵較)를 이해하지 못한다. 나는 조기의 해석을 받아들인다. 그러나 비평가들은 공자 자신이 그 겨루기에 참여했다는 말을 없애기 위해 모두 공자가 단지 그 관습을 허락했다는 정도의 의미라고만 말한다. 맹자가 공자 측에서 이와 같은 저속한 행위에 굴복했다고 소개하는 것은 그의 교묘한 술책이다. 사냥물을 두고 벌이는 겨루기에서 예에 어긋나는 백성들의 범죄와 백성들을 강탈하는 제후들의 범죄는 다른 범주에 속하는 것이었다. 그럼에도 이 절의 앞부분에서 맹자의 자기방어 방식은 매우 기발하다. 이것은 맹자가 편리한 대로 행동하는, 매우 실용적인 사람이라는 것을 보여준다.

6. *Chang* urged, 'Then are we to suppose that when Confucius held office, it was not with the view to carry his doctrines into practice?' 'It was with that view,' *Mencius* replied, and *Chang rejoined*, 'If the practice of his doctrines was his business, what had he to do with that struggling for the captured game?' *Mencius* said, 'Confucius first rectified his vessels of sacrifice according to the registers, and did not fill them so rectified with food gathered from every quarter.' 'But why did he not go away?' He wished to make a trial *of carrying his doctrines into practice.* When that trial was sufficient to show that they could be practised and they were still not practised, then he went away, and thus it was that he never completed in any State a residence of three years.

6절

曰, 然則孔子之仕也, 非事道與. 曰, 事道也. 事道, 奚獵較也.
曰, 孔子先簿正祭器, 不以四方之食, 供簿正. 曰, 奚不去也.
曰, 爲之兆也, 兆足以行矣, 而不行而後去, 是以未嘗有所終三
年淹也.

[만장이] 물었다. "그러면 공자께서 관직에 있을 때 교의를 실천하려는 목적이 없었다고 봐야 합니까?" [맹자가] 대답했다. "그런 목적이 있었다." [만장이] 응대했다. "교의를 실천하는 것이 공자의 일이라면 어째서 잡은 사냥감을 두고 싸움을 했습니까?" [맹자가] 대답했다. "공자께서는 먼저 기록에 따라 제기를 바르게 했고 정화된 제기에 사방에서 모은 음식을 채운 것은 아니었다." "그런데 공자께서는 왜 떠나지 않았습니까?" "공자께서는 [교의를 실천하는] 시도를 하기를 원했다. 교의를 실천하려고 했지만, 여전히 실행되지 않는다는 것을 시도를 통해 충분히 보여준 후에야 멀리 떠났다. 그리하여 그는 어떤 제후국에서도 3년 이상 거주하지 않았다.

4. 'Confucius was once keeper of stores, and he then said, "My calculations must be all right. That is all I have to care about." He was once in charge of the public fields, and he then said, "The oxen and sheep must be fat and strong, and superior. That is all I have to care about."

4. In Sze-mâ Ch'ien's History of Confucius, for 委(4th tone) 吏 we have 委氏吏, but in a case of this kind the authority of Mencius is to be followed. 會,—read *kwâi*, 3rd tone, 'entries in a book.' Annual calculations of accounts are denominated 會, and monthly, 計, when a distinction is made between the terms. 當, 4th tone, 乘(4th tone)田 =主苑囿芻牧之吏, but I don't understand the use of 乘 in this sense. Here again the history has 爲司職(yi =檥)吏. These were the first offices Confucius took, before the death of his mother, and while they were yet struggling with poverty.

4절

孔子嘗爲委吏矣, 曰, 會計當而已矣, 嘗爲乘田矣, 曰, 牛羊茁
壯長而已矣.

한번은 공자께서 창고지기의 관직에 있었다. 그때 그는 '나의 계산이 모두
맞아야 한다. 이것이 내가 걱정하는 모든 것이다.'라고 말했다. 한번은 공
자께서 공전을 관리하는 관직에 있었다. 그때 그는 '소와 양이 살이 찌고
건강하고 우수해야 한다. 이것이 내가 걱정하는 모든 것이다.'라고 말했다.

4절 각주

사마천의 「공자세가」에 위리(委[4성조]吏)에 해당하는 위씨리(委氏吏)가 있
지만, 이런 경우에는 맹자의 권위를 믿어야 한다. 회(會)는 [회]로 읽고 3
성조로 '장부'이다. 일 년마다 하는 회계는 회(會)이고, 일 개월마다 하는
회계는 계(計)로 두 글자를 구별할 수 있다. 당(當)은 4성조이다. 승전(乘[4
성조]田)은 주원유추목지리(主苑囿芻牧之吏)이지만, 나는 여기서 승(乘)의
쓰임을 모르겠다. 사마천의 책에 위사직리(爲司職[=樴]吏)가 있다. 두 직
책은 공자가 어머니가 사망하기 전 가난으로 허덕일 때 처음으로 맡았던
일이었다.

5. 'When one is in a low situation, to speak of high matters is a crime. When a scholar stands in a prince's court, and his principles are not carried into practice, it is a shame to him.'

5. 立乎(=于)人之本朝 (*ch'âou*, 2nd tone),—it is difficult to express the force of the 本; 'to stand in a man's proper court,' i. e. the court of the prince who has called him to office, and where he *ought* to develop and carry out his principles. It is said that this paragraph gives the reasons why he who takes office for poverty must be content with a low situation and small emolument, but the connexion is somewhat difficult to trace. The 四書味根錄 says: 'Why did Confucius confine himself to having his calculations exact, and his cattle sleek and fat? Because in his humble position he had nothing to do with business of the State, and he would not incur the crime of usurping a higher office. If making a pretense of poverty, a man keep long clinging to high office, he stands in his prince's court, but carries not principles into practice:—can he lay his hand on his heart, and not feel the shame of making his office of none effect? This is true, but it is not necessary that he who takes office because he is poor should continue to occupy it simply with the desire to get rich.

5절

位卑而言高, 罪也, 立乎人之本朝而道不行, 恥也.

어떤 이가 낮은 직에 있으면서 높은 문제에 대해 말하는 것은 범죄이다. 학자가 제후의 조정에 있으면서 그의 원리가 실행되지 않을 때, 그것은 수치스러운 일이다."

5절 각주

'입호(=우)인지본조(立乎[=于]人之本朝[2성조])'에서 본(本)의 의미를 표현하기 어렵지만 이를 풀이하면, '어떤 사람의 고유한 조정에 서는 것' 즉 그를 관직에 부른 제후의 조정에 서는 것으로 이 제후의 조정에서 학자는 원리들을 발전시키고 실행[해야]한다는 의미이다. 이 절에서 가난 때문에 관직에 올랐을 경우 낮은 직위와 녹봉에 만족해야 하는 이유를 제시한다고는 하지만, 그 연결고리를 파악하기가 약간 어렵다. 『사서미근록』(四書味根錄)[48]은 이렇게 풀이한다. '왜 공자가 정확하게 계산하는 것과 소를 매끈하게 살찌우는 것에 자기 일을 한정했는가? 공자가 보잘것없는 위치에 있어 제후국의 업무와 아무런 관련이 없기 때문이고 높은 관직을 빼앗는 범죄를 범하고 싶지 않았기 때문이다. 만약 어떤 사람이 가난을 빌미로 계속해서 오랫동안 높은 관직에 매달린다면 그는 제후의 조정에 있지만, 원리를 실행하지 못한다. 즉 높은 관직에 있으면서 아무런 성과를 내지 않으면 가슴에 손을 얹고 수치심을 느끼지 않을 수 있을까?' 이것은 사실이지만, 가난 때문에 관직에 오른 자가 단지 부자가 되고자 하는 욕망 때문에 계속해서 그 자리에 있을 필요는 없다.'

---

48) (역주) 『사서미근록』(四書味根錄)은 청나라 김징(金澄)의 저작으로 총 37권으로 되었다.

CHAPTER VI

CH. 6. How A SCHOLAR MAY NOT BECOME A DEPENDENT BY ACCEPTING PAY WITHOUT OFFICE, AND HOW THE REPEATED PRESENTS OF A PRINCE TO A SCHOLAR MUST BE MADE.

1. Wan Chang said, 'What is the reason that a scholar does not accept a stated support from a prince?' Mencius replied, 'He does not presume to do so. When a prince loses his State, and then accepts a stated support from another prince, this is in accordance with propriety. But for a scholar to accept such support from any of the princes is not in accordance with propriety.'

1. 士 is here the scholar, the candidate for public office and use, still unemployed. 不託, 'does not depend on,' i. e. assure himself of a regular support by receiving regular pay though not in office. On one prince, driven from his State, finding an assured and regular support with another, see the Lî-chî, IX, i, 13. It is only stated there, however, that a prince did not employ another refugee prince as a minister. We know only from Mencius, so far as I am aware, that a prince driven from his own dominions would find maintenance in another state, according to a sort of law.

제6장

맹자는 학자가 관직에 오르지 않고 녹봉을 받으면 어떻게 의존자가 되는지와 제후는 학자에게 반복해서 선물을 줄 때 어떤 방식으로 주어야 하는지를 논한다.

1절

萬章曰, 士之不託諸侯, 何也. 孟子曰, 不敢也, 諸侯失國而後, 託於諸侯, 禮也, 士之託於諸侯, 非禮也.

만장이 물었다. "학자가 제후의 공인된 후원을 받지 않는 이유는 무엇입니까?" 맹자가 대답했다. "감히 그렇게 하지 않는다. 제후가 공국을 잃고 나서 다른 제후로부터 공인된 후원을 받는 것은 예를 따른 것이다. 그러나 학자가 그와 같은 지원을 제후에게 받는 것은 예에 어긋난다."

1절 각주

사(士)는 여기서 관직 후보자이지만 여전히 기용되지 않는 학자를 말한다. 불탁(不託)은 '~에 의존하지 않다', 즉 관직에 있지 않아도 정기적인 급료를 받을 수 있는 정기적인 후원을 확신하지 않다라는 의미이다. 제후가 공국에서 쫓겨나 다른 공국에게 확실한 정기적 후원을 구하는 것에 관해서는 『예기』「교특생(郊特牲)제3편 제1장 제13절을 보라. 그러나 『예기』에는 한 제후가 피난 온 다른 제후를 재상으로 기용하지 않았다고만 적혀 있다. 내가 아는 한, 제후가 영지에서 쫓겨나 어떤 법에 따라 다른 공국의 후원을 받았다라고 언급한 이는 맹자가 유일하다.

2. Wan Chang said, 'If the prince send him a present of grain, *for instance*, does he accept it?' 'He accepts it,' answered *Mencius*. 'On what principle of righteousness does he accept it?' 'Why一the prince ought to assist the people in their necessities.'

2. 何義, 'what is the principle of righteousness?' or simply 'what is the explanation of?' 周 = 賙, 'to give alms,' and generally to help the needy. 氓,一see Bk. II. Pt. I. vi. 4. A scholar not in office is only one of the people.

2절

萬章曰, 君餽之粟, 則受之乎. 曰, 受之, 受之何義也, 曰, 君之
於氓也, 固周之.

만장이 말했다. "[예를 들어] 제후가 곡물을 선물로 보내면, 그는 그것을
받습니까?" [맹자가] 대답했다. "받는다." "의의 어떤 원리에서 그것을 받
습니까?" "제후는 곤경에 처한 백성을 도와주어야 한다."

2절 각주

하의(何義)는 '의(義)의 원리는 무엇입니까?' 즉 단순하게, '그것을 어떻게
설명하시겠습니까?'이다. 주(周)는 주(賙)로, '구호품을 주다' 그리고 일반적
으로 어려운 자들을 도와준다는 의미이다. 맹(氓)은 제2권 제1편 제5장 제
5절을 보라. 관직에 있지 않는 학자는 단지 한 사람의 백성일 뿐이다.

3. *Chang* pursued, 'Why is it that the scholar will *thus* accept the prince's help, but will not accept his pay?' The answer was, 'He does not presume to do so.' 'I venture to ask why he does not presume to do so.' 'Even the keepers of the gates, with their watchmen's sticks, have their regular offices for which they can take their support from the prince. He who without a regular office should receive the pay of the prince must be deemed disrespectful.'

3. 賜之, 'if he give him,' i. e. 賜之綠, 'give him pay.' This brings out all the meaning that is in 託. 賜於上,一賜 is passive, or ='to receive pay.' 不恭, 'disrespectful,' is to be taken in its implication 'of a want of humility in the scholar, who is only one of the people having no office, and yet is content to take pay, as if he had.

3절

曰, 周之則受, 賜之則不受, 何也. 曰, 不敢也. 曰, 敢問其不
敢, 何也. 曰, 抱關擊柝者, 皆有常職, 以食於上, 無常職而賜
於上者, 以爲不恭也.

[만장이] 캐물었다. "학자가 [이렇게] 제후의 도움을 받지만, 급료를 받지
않는 것은 어째서 그렇습니까?" 맹자가 대답했다. "그는 감히 그렇게 하지
않는다." "그가 왜 감히 그렇게 하지 않는지 여쭙고자 합니다." "성문 야
경꾼조차도 제후의 지원을 받을 수 있는 정규직이다. 정규직이 아닌데도
제후의 급료를 받는 자는 불손한 자로 보아야 한다."

3절 각주

사지(賜之), '그가 그에게 준다면'은 사지록(賜之綠), '그에게 급료를 주다'
이다. 이것은 탁(託)에 있는 모든 의미를 끌어낸다. 사어상(賜於上)의 사
(賜)는 수동으로 '급료를 받다'와 같은 의미이다. 불공(不恭)은 '공손하지
않다'라는 의미이다. 학자는 백성의 한 사람일 뿐인데 관직이 없는데도 관
직이 있는 것처럼 급료를 받는다면 그가 겸손함이 부족한 사람이라는 것
을 암시한다.

4. Chang asked, 'If the prince sends a scholar a present, he accepts it;—I do not know whether this present may be constantly repeated.' *Mencius* answered, 'There was the conduct of the duke Mû to Tsze-sze—He made frequent inquiries after Tsze-sze's health, and sent him frequent presents of cooked meat. Tsze-sze was displeased; and at length, having motioned to the messenger to go outside the great door, he bowed his head to the ground with his face to the north, did obeisance twice, and declined the gift, saying, "From this time forth I shall know that the prince supports me as a dog or a horse." And so from that time a servant was no more sent with the presents. When a prince professes to be pleased with a man of talents and virtue, and can neither promote him to office, nor support him *in the proper way*, can he be said to be pleased with him?

4절

曰, 君餽之則受之, 不識, 可常繼乎. 曰, 繆公之於子思也, 亟問, 亟餽鼎肉, 子思不悅, 於卒也, 摽使者, 出諸大門之外, 北面稽首再拜而不受, 曰, 今而後, 知君之犬馬畜伋, 蓋自是, 臺無餽也, 悅賢不能舉, 又不能養也, 可謂悅賢乎.

만장이 다시 물었다. "제후가 학자에게 선물을 보내면 그것을 받는다고 했는데 이 선물을 반복해서 받아도 되는지를 모르겠습니다." [맹자가] 대답했다. "목공이 자사에게 한 행동이 있다. 목공은 자주 자사의 안부를 묻고 그에게 고기 요리를 선물로 보냈다. 자사는 기뻐하지 않았다. 마침내 심부름을 온 사람에게 대문 밖으로 가도록 손짓한 후에 머리를 땅에 대고 북쪽을 보고 재배한 후 선물을 거절하며 말하길, '지금부터는 제후가 나를 개와 말로 생각하여 후원하는 것으로 알 것이다'라고 했다. 그러자 그때부터 하인을 보내 선물을 주는 일이 더는 없었다. 제후가 재주와 덕이 있는 사람이 있어 기쁘다고 공언하지만 그를 관직에 승진시킬 수도 없고 [적절한 방식으로] 후원할 수도 없다면, 제후는 그가 있어 기쁘다고 말할 수 있겠는가?"

2. Wan Chang said, 'If a common man is called to perform any service, he goes and performs it;—how is it that a scholar, when the prince, wishing to see him, calls him to his presence, refuses to go?' Mencius replied, 'It is right to go and perform the service; it would not be right to go and see the prince.'

2. 'It is right to go and perform the service,' i. e. it is right in the common man, to perform service being his 職, or office. And so with the scholar. He will go when called as a scholar should be called, but only then.

2절

萬章曰, 庶人召之役, 則往役, 君欲見之, 召之, 則不往見之,
何也. 曰, 往役, 義也, 往見, 不義也.

만장이 말했다. "평민은 오라고 하면 가서 어떤 일이든 하는데, 학자는 제
후가 만나고 싶어 오라고 해도 가지 않는 것은 어째서입니까?" 맹자가 대
답했다. "가서 일하는 것은 바른 일이지만, 가서 제후를 만나는 것은 바르
지 않다."

2절 각주

'가서 일하는 것이 맞다'라는 말은 바로 일반 백성이 그의 직(職) 또는 업
무인 일을 하는 것은 맞다라는 뜻이다. 그것은 학자도 마찬가지이다. 학자
에게 맞는 예로 부를 때 가겠지만 단 그럴 때만 갈 것이다.

3. 'And,' *added Mencius*, 'on what account is it that the prince wishes to see *the scholar*?' 'Because of his extensive information, or because of his talents and virtue,' was the reply. 'If because of his extensive information,' said Mencius, 'such a person is a teacher, and the sovereign would not call him;—how much less may any of the princes do so? If because of his talents and virtue, then I have not heard of any one wishing to see a person with those qualities, and calling him to his presence.

3. The 爲 are all in the 4th tone. It must be borne in mind that the conversation is all about a scholar who is not in office; compare par. 9.

3절

且君之欲見之也, 何爲也哉, 曰, 爲其多聞也, 爲其賢也. 曰,
爲其多聞也, 則天子, 不召師, 而況諸侯乎, 爲其賢也, 則吾未
聞欲見賢而召之也.

[맹자가 덧붙였다.] "그리고, 무슨 이유로 제후가 [학자를] 만나기를 원하
겠는가?" 만장이 대답했다. "그의 넓은 견문과 재주와 덕 때문입니다." 맹
자가 말했다. "만약 그의 넓은 견문 때문이라면 그와 같은 사람은 스승이
기 때문에 천자라도 그를 부르지 않았을 것이다. 하물며 제후가 그렇게
할 수 있겠는가? 재주와 덕 때문이라면, 나는 제후가 이러한 자질을 지닌
사람을 만나기를 원하면서 오라고 부른다는 말을 들어본 적이 없다.

3절 각주

위(爲)는 모두 4성조이다. 이 대화는 모두 관직에 있지 않은 학자에 관한
것이라는 것을 염두에 두어야 한다. 제9절과 비교하라.

4. 'During the frequent interviews of the duke Mû with Tsze-sze, he *one day* said to him, "Anciently, princes of a thousand chariots have yet been on terms of friendship with scholars;—what do you think *of such an intercourse?*" Tsze-sze was displeased, and said, "The ancients have said, 'The scholar should be served:' how should they have merely said that *he should be made a friend of?*" When Tsze-sze was thus displeased, did he not say *within himself,*—"With regard to our stations, you are sovereign, and I am subject. How can I presume to be on terms of friendship with my sovereign! With regard to our virtue, you ought to make me your master. How can you be on terms of friendship with me?" *Thus*, when a ruler of a thousand chariots sought to be on terms of friendship with a scholar, he could not obtain his wish:—how much less could he call him to his presence!

4. 千乘(in 4th tone)之國=千乘之君, below; 以=with all his dignity, 'yet.' 云乎 = 云爾, Bk. IV. Pt. II. xxiv. 1, et al, but the second 乎 also responds to 豈. The paraphrase in the 日講 is:—古之人有言, 人君於士, 當師事之, 豈但如君所言友之云乎.

4절

繆公亟見於子思, 曰, 古千乘之國, 以友士, 何如, 子思不悅曰, 古之人有言曰, 事之云乎, 豈曰友之云乎. 子思之不悅也, 豈不曰, 以位則子君也, 我臣也, 何敢與君友也, 以德則子事我者也, 奚可以與我友, 千乘之君, 求與之友, 而不可得也, 而況可召與.

목공과 자사가 자주 만날 때, 어느 날 목공이 자사에게 물었다. '옛날에, 1천 대의 전차를 가진 제후와 학자가 우정의 관계에 있었다고 하는데, [그런 교제에 대해] 어떻게 생각하시오?' 자사는 기분이 안 좋아져서 '옛사람들은 '학자는 섬김을 받아야 한다'라고 하는데 어째서 [학자는 누구의 친구가 되어야 한다]라고만 했겠습니까?'라고 말했다. 자사가 이렇게 기분이 안 좋을 때, [속으로] '우리의 지위에 대해 말하자면, 너는 군주이고 나는 신하이다. 내가 어떻게 주제넘게 군주와 우정의 관계에 있을 수 있겠는가? 우리의 덕에 대해 말하자면, 너는 나를 주인으로 섬겨야 한다. 네가 어떻게 나와 우정의 관계에 있을 수 있겠는가?'라고 말하지 않았을까? [이리하여] 1천 대의 전차를 가진 통치자가 학자와 우정의 관계에 있고자 해도 소망을 이룰 수 없다. 하물며 제후가 감히 학자에게 오라고 부를 수 있겠는가!

4절 각주

'천승지국(千乘[4성조]之國)'은 아래의 천승지군(千乘之君)과 같다. 이(以)는 그의 모든 직위에도 불구하고, '그러나'이다. 운호(云乎)는 운이(云爾)로 제4권 제2편 제24장 제1절 등을 보라. 그러나 두 번째 호(乎) 또한 기(豈)에 반응한다. 『일강』(日講)에서는 이를 '일고지인유언, 인군어사, 당사사지 기단여군소언우지운호(一古之人有言, 人君於士, 當師事之, 豈但如君所言友之云乎)', '한 명의 옛날 분이 한 말이 있다. 제후는 당연히 학자를 스승으로 섬겨야 하니, 어째서 제후가 단지 친구로 하자고 하는 말을 했는가?'로 해석한다.

5. 'The duke Ching of Ch'î, once, when he was hunting, called his forester to him by a flag. *The forester* would not come, *and the duke* was going to kill him. *With reference to this incident, Confucius said,* "The determined officer never forgets that *his end may be* in a ditch or a stream; the brave officer never forgets that he may lose his head." What was it *in the forester* that Confucius thus approved? He approved his not going *to the duke*, when summoned by the article which was not appropriate to him.'

5. See Bk. III. Pt. II. i. 2.

5절

齊景公田, 招虞人以旌, 不至, 將殺之, 志士, 不忘在溝壑, 勇士, 不忘喪其元, 孔子, 奚取焉, 取非其招不往也.

예전에 제나라 경공이 사냥을 하고 있었을 때 산지기를 깃발로 부른 적이 있었다. [산지기가] 오지 않자 경공은 그를 죽이려고 했다. [이 일을 언급하면서] 공자께서 이르길, '심지가 곧은 관리는 [그의 마지막이] 고랑 또는 개울일 수 있다는 것을 절대 잊지 않고, 용감한 관리는 목이 베일 수 있다는 것을 절대 잊지 않는다.'라고 했다. 공자께서 [산지기의] 어떤 점을 인정했겠느냐? 공자께서 높이 평가한 점은 경공이 산지기를 어울리지 않은 물건으로 불렀을 때 [그에게] 가지 않았다는 것이다."

5절 각주

제3권 제2편 제1장 제2절을 보라.

6. Chang said, 'May I ask with what a forester should be summoned?' Mencius replied, 'With a skin cap. A common man *should be summoned* with a plain banner; a scholar *who has taken office*, with one having dragons embroidered on it; and a Great officer, with one having feathers suspended from the top of the staff.

6. The explanation of the various flags here is from Chû Hsî, after the Châu Lî. The dictionary may be consulted about them. 何以 = 何用.

6절

曰, 敢問招虞人何以, 曰, 以皮冠, 庶人以旃, 士以旂, 大夫以旌.

만장이 말했다. "산지기를 무엇으로 불러야 하는지 여쭤도 되겠습니까?" 맹자가 대답했다. "가죽 모자이다. 평민은 평범한 깃발로 [불러야 하고], [관직에 있는] 학자는 용이 장식된 깃발로 불러야 하며, 대부는 막대 끝에 깃털이 달린 깃발로 불러야 한다.

6절 각주

여기서의 다양한 깃발에 대한 설명은 『주례』(周禮)를 설명한 주희의 해석을 따른 것이다. 사전을 참조하면 이에 대해 알 수 있다. 하이(何以)는 하용(何用)과 같다.

7. 'When the forester was summoned with the article appropriate to the summoning of a Great officer, he would have died rather than presume to go. If a common man were summoned with the article appropriate to the summoning of a scholar, how could he presume to go? How much more may we expect this refusal to go, when a man of talents and virtue is summoned in a way which is inappropriate to his character!

7. A man of talents and virtue ought not to be called at all; the prince ought to go to *him*.

7절

以大夫之招, 招虞人, 虞人死不敢往, 以士之招, 招庶人, 庶人,
豈敢往哉, 況乎以不賢人之招, 招賢人乎.

대부를 부를 때 어울리는 물건으로 산지기를 불렀을 때 주제넘게 갔다면
죽었을 것이다. 학자를 부를 때 어울리는 물건으로 평민을 부르면, 평민이
어떻게 갈 수 있겠는가? 재주와 덕을 가진 사람이 그의 인물됨에 어울리
지 않는 방식의 부름을 받았을 때, 그가 가지 않을 것이라고 예상하는 것
은 너무나 당연하지 않은가!

7절 각주

재주와 덕을 지닌 사람은 결코 부름을 받을 수 없다. 제후가 [그에게] 가
야 한다.

CHAPTER IX

CH. 9. THE DUTIES OF THE DIFFERENT CLASSES OF CHIEF MINISTERS.

1. The king Hsüan of Ch'î asked about *the office of* high ministers. Mencius said, 'Which high ministers is your Majesty asking about?' 'Are there differences among them?' inquired the king. 'There are' was the reply. 'There are the high ministers who are noble and relatives *of the prince*, and there are those who are of a different surname.' The king said, 'I beg to ask about the high ministers who are noble and relatives of the prince.' Mencius answered, 'If the prince have great faults, they ought to remonstrate with him, and if he do not listen to them after they have done so again and again, they ought to dethrone him.'

   1. 君有大過,—such ministers will overlook small faults. To animadvert on them would be inconsistent with their consanguinity. No distinction is made of faults, as great or small, when the other class of ministers is spoken of. 'Great faults' are such as endanger the safety of the State.

제9장

맹자는 고위 관직의 재상이라도 속한 집단에 따라 의무가 달라지는 것을 논한다.

1절

齊宣王問卿. 孟子曰, 王何卿之問也. 王曰, 卿不同乎. 曰, 不同, 有貴戚之卿, 有異姓之卿. 王曰, 請問貴戚之卿. 曰, 君有大過, 則諫, 反覆之而不聽, 則易位.

제나라의 선왕이 고위급 재상 즉 경의 [업무]에 관해 물었다. 맹자가 말했다. "왕께서는 어떤 경에 관해 묻는 것입니까?" 왕이 물었다. "경도 차이가 있습니까?" 맹자가 대답했다. "있습니다. 귀족으로 [제후의] 친척인 경이 있고, 다른 성의 경이 있습니다." 왕이 말했다. "나는 귀족으로 제후의 친척인 경에 관해 묻고자 합니다." 맹자가 대답했다. "제후에게 큰 잘못이 있으면 간언해야 하고, 거듭 간언했음에도 듣지 않으면 폐위해야 합니다."

1절 각주

군유대과(君有大過)를 보면, 고위급 재상들은 사소한 허물은 못 본 척할 것이다. 사소한 잘못을 혹평하는 것은 혈족 관계에서 하기에 어울리지 않기 때문이다. 다른 성의 재상들에 대해 언급할 때는 큰 허물 또는 작은 허물을 구분하지 않는다. '큰 허물'은 예를 들면, 공국의 안정을 위협하는 것이다.

2. The king on this looked moved, and changed countenance.

3. Mencius said, 'Let not your Majesty be offended. You asked me, and I dare not answer but according to truth.'

3. 勿異, 'don't think it strange,' but = 'don't be offended.'—We may not wonder that duke Hsüan should have been moved and surprised by the doctrines of Mencius as announced in this chapter. It is true that the members of the family of which the ruler is the Head have the nearest interest in his ruling well, but to teach them that it belongs to them, in case of his not taking their advice, to proceed to dethrone him, is likely to produce the most disastrous effects. Chû Hsî notices that the able and virtuous relatives of the tyrant Châu(紂) were not able to do their duty as here laid down, while Ho Kwang, a minister of another surname, was able to do it in the case of the king of Ch'ang-yî(昌邑王), whom he placed in B.C. 74, though not the proper heir, on the throne in succession to the emperor Châo. His nominee, however, proved unequal to his position. See the Memoir of Ho Kwang in the Thirty-eighth Book of the Biographies of the first Han dynasty.

2절

王勃然變乎色.

왕은 이 말에 마음이 상한 것처럼 보였고 안색이 변하였다.

3절

曰, 王勿異也, 王問臣, 臣不敢不以正對.

맹자가 말했다. "왕께서는 기분 나빠 하지 마십시오. 왕께서 물어보시기 단지 진실 그대로 대답했을 뿐입니다."

3절 각주

물이(勿異)은 '그것을 이상하다고 생각하지 말아라'가 아니라 '기분 나빠하지 말아라'라는 뜻이다. 이 장에서 언급된 것처럼 선왕이 맹자의 교의에 기분이 상하고 놀라는 것은 이상할 것이 없다. 통치자와 같은 가문의 일원들은 그의 통치에 가장 큰 관심이 있다. 그러나 통치자가 그들의 조언을 듣지 않을 때 그를 폐위하는 것이 해야 할 일이라고 가르치는 것은 가장 위험한 결과를 초래할 가능성이 크다. 주희는 독재자 주왕의 능력 있고 덕 있는 친척들이 여기서 말한 것과 같은 그들의 의무를 행할 수 없었다고 지적한다. 반면에 주왕과 성이 다른 곽광(霍光)은 창읍왕(昌邑王)에게 그렇게 할 수 있었다. 곽광은 창읍왕이 소제의 정당한 계승자가 아님에도 불구하고 그를 기원전 74년에 소제의 뒤를 이어 왕위에 올렸다. 그러나 그가 지명한 자가 그 자리에 적합하지 않은 것으로 밝혀졌다. 『전한기』(前漢紀) 제38권 '곽광(霍光)에 관한 기록을 보라.

4. The king's countenance became composed, and he then begged to ask about high ministers who were of a different surname *from the prince*. Mencius said, 'When the prince has faults, they ought to remonstrate with him; and if he do not listen to them after they have done this again and again, they ought to leave *the State*.'

4절

王色定然後, 請問異姓之卿. 曰, 君有過則諫, 反覆之而不聽,
則去.

왕은 얼굴이 평온해진 후 제후와 성씨가 다른 고위급 재상들에 관해 물었
다. 맹자가 대답했다. "제후에게 잘못이 있을 때 그들은 그에게 간언해야
하고, 반복해서 그렇게 했음에도 말을 듣지 않으면 [그 제후국을] 떠나야
합니다."

역자 후기

제임스 레게(James Legge, 1815~1897)는 1843~1873년까지 거의 30년을 중국령 홍콩에서 선교사로 사역하면서 중국고전을 연구하고 번역하였다. 중국에 선교사로 있을 때 출판했던 역주서에는 그의 중국고전 시리즈 중에서도 특히 의미있는 『논어, 중용, 대학』, 『맹자』, 『서경』, 『시경』, 『춘추좌전』이 있다. 1873년 영국으로 돌아간 후 레게는 방대한 그의 중국고전 역주서가 유럽 사회에 미친 그동안의 깊은 공로를 인정받아 1876년 옥스퍼드 대학의 중국학의 첫 교수가 되었다. 그는 사망한 해인 1897년까지 옥스퍼드 대학 교수로 재직하면서 중국학 관련 번역과 강의를 병행하며 『도덕경』, 『장자』, 『역경』 등 평생동안 40여권의 중국고전을 번역하고 주해하였다. 특히 그의 『맹자』 역주서는 최초의 완역 영역본임에도 오늘날에도 영어권의 표준역본으로 공인되고 있다. 그의 역주와 해설은 동양연구자들이라면 반드시 읽어야 할 필독서가 되었다.

『맹자』는 내용 자체도 어렵지만 레게의 『맹자』는 19세기 영어로 번역되어 있어 몇몇 어휘와 문체가 현대 영어와 달라 오늘날의 일반 독자가 접근하기가 쉽지 않다. 레게의 『맹자』 이후 레게의 번역서를 토대로 현대 영어로 된 가독성이 높은 다른 번역가의 번역본들이 출판되었다. 그럼에도 레게의 『맹자』의 수요는 중국고전 전공자뿐만 아니라 일반 독자 사이에서도 여전히 높다. 레게의 『맹자』가 한자를 모르는 영어권 독자에게 미치는 영향력은 중국과 한국의 명망 있는 『맹자』 주석가들이 중국이나 한국에서 가지는 영향력과 비교해 볼 수 있다.

역자가 제임스 레게의 중국고전을 번역해보자는 제안을 받았을 때, 영문학으로 박사학위를 받은 후 조선 말기 한국에 사역하러 온 서양인 선교사이자 한국학 학자이자 번역가인 제임스 게일(James S. Gale, 1863~1937)의 한국 국문소설 영역과 한문소설 영역 그리고 중국고전 영역을 연구하고 있었다. 게일이 중국고전인 『대학』을 영역 출판하면서 선배격인 레게의 중국고전 영역본을 언급하여 자연스럽게 레게라는 서양인 선교사이자, 중국학자, 그리고 번역가를 알게 되었다. 두 사람은 사역지는 중국과 한국으로 서로 달랐지만, 타국에서 오랫동안 사역한 공통점이 있다. 또한, 그들은 백성들을 전도하기 위해서는 그 나라의 문학과 문화와 종교를 제대로 아는 것이 필수적이라는 인식을 가졌다. 그들은 그 나라의 백성들에게 가장 큰 영향을 미친 고전들을 연구하고 영어로 번역하는 데 심혈을 기울였다. 레게와 게일의 번역서는 당대 또는 그 이후의 후배 선교사들에게 도움이 되었을 뿐만 아니라 선교사역에 종사하지 않은 일반 서양 독자들에게 동양 문화를 알리는 데 크게 이바지한 공통점이 있다.

역자가 레게의 맹자를 번역하기로 결심한 것은 중국고전을 오로지 영어 번역서로 접하는 영어권 독자가 맹자를 읽으면서 한문 원문이 영역본으로 어떻게 번역되어 유통되는지 살피면 동서양 문명의 교류와 접점을 연구할 수 있을 것이라 기대했기 때문이다. 첫 포부는 좋았지만 그 선택이 역자의 발목을 몇 년 동안 붙잡을 것이라곤 미처 예상하지 못했다. 레게의 맹자 역주를 번역하는 것은 힘든 작업이었다. 그럼에도 이 작업을 놓지 못했던 것은 레게의 맹자 역주본의 학술적 가치를 믿었고 이 영역본이 우리말로 번역되었을 때 맹자의 연구를 심화하고 다양화하는데 기여할 것이라 확신했기 때문이다.

역자는 처음에는 한문 원문을 참고하지 않고 오로지 레게의 영어 번역만을 읽고 해석하고 번역하는 데 집중했다. 그러나 레게의 번역문을 제대로 이해하기 위해서는 자연스럽게 여러 맹자 주해서와 다른 번역가들의 영역본을 참고할 수밖에 없었다. 그러면서 번역 결과에 대한 불신과 부담감이 점점 늘어나는 만큼 번역작업 기간은 점점 늘어났다. 초역 작업 후 번역의 완성도를 높이기 위해 맹자 전문가이신 한문학과 박준원 교수님이 번역에 참여하게 되었다. 박 교수님의 참여로 한문과 번역문의 상호 대비와 레게의 한문 원문의 오류를 교정하는 작업이 가능해졌다. 또한, 박 교수님께서 레게 각주에서 언급되는 여러 주석가의 인용 출처를 확인하고 많은 역주 작업을 해주셨다. 박 교수님과의 공동 작업이 아니었다면 사실상 이 책의 출판은 불가능했을 것이다.

레게의 『맹자』 구성을 살펴보면 다음과 같다. 첫 상단은 맹자의 한문 원문으로 세로쓰기로 되어있고 동한의 학자인 조기의 장과 절 구분을 따라 장과 절이 구분되어 있다. 그다음 중간 부분이 한문 원문의 번역문이다. 제일 하단에는 주석이 배치된다. 레게는 원문의 글자 풀이만으로는 의미가 부족하다고 판단하여 이를 보충해야 할 때, 또는 중국어와 영어의 문법 구조 차이로 인해 주어와 목적어 등 필요한 문장요소를 추가할 때, 이탤릭체로 일일이 표시하여 번역문에서 무엇이 추가되었는지 시각적으로 표지한다. 그래서 이탤릭체 부분에서 그의 독특한 해석을 보여주는 부분이 많다. 이렇게 추가된 문장요소나 명확한 단수와 복수는 한국어 맹자 번역서보다 원문의 의미를 구체화하고 명확하게 하는 사례가 많다. 중국고전 전공자들이 당연하게 받아들이는 용어나 개념을 레게는 명확하고 쉽게 풀어서 번역한다. 그래서 특정 중국고전 어휘에 익숙하지 않은 일반 독자에게 레게의 영역본이 어떤 문구에서는 오히려 더 쉽고 정확하게 와 닿는다. 물론 논쟁이 있는 부분을 구체화하고 명확하게 한 것이 모두 맞다고 볼 수는 없지만 하나의 해석으로 수용할 수는 있다.

우리 역자들은 레게의 한문 번역문을 우리말로 옮길 때 가능한 한 기존의 익숙한 한자어로 번역하지 않고 영어로 한자 어휘 풀이한 것을 번역에서 반영하고자 했다. 그것은 우리에게 익숙한 개념이나 어휘들이 풀어서 번역한 어휘의 경우 레게가 각주에서 한자를 제시하고 있고 해당 어휘가 영어로 어떻게 풀이되고 되는지 볼 필요가 있기 때문이다. 레게는 번역문이 수동문이면 왜 능동문이 아닌 수동문으로 번역했는지 각주로 설명하기도 했다. 그래서 우리말로 옮겼을 때 어색하더라도 레게의 의도를 살릴 필요가 있을 때는 가능한 한 직역하는 것을 원칙으로 삼았다. 그럼에도 우리 말로 옮겼을 때 문맥으로 충분히 이해 가능할 때는 주어를 생략하거나 복수형 명사를 단수로 번역하여 가독성을 높이고자 했다.

레게의 『맹자』에서 가장 주목한 부분은 그의 각주이다. 각주 부분은 각 권의 제목과 이에 대한 풀이, 그다음 각 장에 대한 풀이로 구성된다. 레게는 맹자의 원문을 토대로 각 장의 주제를 한 문장 또는 어구로 요약해서 제시한다. 그다음 각 장과 각 절에 대한 그의 주석이 달린다. 각 절의 주석에서는 특히 여러 의미를 가진 한자가 원문에서 통상적 의미와 다른 의미로 사용될 때 발음과 동의어의 한자를 제시하며 자세히 풀이한다. 다만 레게의 발음 기호가 오늘날의 한자 병음과 다르므로 인명이나 지명이 한자 없이 발음만 표기된 경우 파악하기 힘든 경우도 있었다. 레게는 각주에서 해석의 논쟁이 많은 문구에서는 조기, 주희 등의 중국 주석가 뿐만 아니라 맹자를 라틴어로 번역한 줄리앙(Stanislas Julien, 1797~1873)의 풀이를 대조하고 레게 자신은 어떤 근거에서 번역했는가를 설명한다. 그럼으로써 우리는 레게의 맹자 역주서 한 권으로 여러 주해서를 동시에 독파하게 된다.

공역자인 박준원 교수님은 이번 번역의 의미를 이렇게 평가한다. "레게의 맹자 역주의 출간을 통해서 기존의 맹자 해석서와 레게의 맹자 해석에 담긴 독특한 사유와 언어체계의 차이를 분석할 수 있는 가능성이 열렸다. 이제 우리는 기존의 성리학적 세계관에서 창출된 텍스트가 레게의 기독교적 사유체계로 어떻게 변환되어 해석되고 있는 지를 파악할 수 있을 것이다. 또한 레게가 번역한 맹자의 핵심적인 한자용어들이(性善, 仁義, 民本, 王道-覇道, 君子~小人, 浩然之氣 등) 어떠한 의미의 당시 영어용어로 구사되어서 서구의 언어 망으로 스펙트럼처럼 전파되고 있는 지를 연구할 길이 열린 셈이다."

이 책은 한국에서 출판되는 최초의 레게의 맹자 역주서이다. 역자가 미처 보지 못한 오탈자가 있을 수도 있고 잘못 이해한 부분이 있을 수도 있다. 부족한 점은 더 나은 역서로 보답할 수 있도록 하겠다. 마지막으로 항상 역자들을 독려하며 출간을 총괄 기획해주신 한국한자연구소 하영삼 소장님께 감사의 뜻을 전한다.

2021년 1월 15일
경성대학교 한국한자연구소에서 이진숙 씀